人生
拒绝清单

しないことリスト

[日] **pha** 著

程俐 译

< SHINAI KOTO LIST >
Copyright ©pha 2015
First published in Japan in 2015 by DAIWA SHOBO Co., Ltd.
Simplified Chinese translation rights arranged with DAIWA SHOBO Co., Ltd.
through East West Culture & Media Co., Ltd., Tokyo Japan.
Simplified Chinese edition copyright©2025 by China South Booky Culture Media Co., Ltd.

© 中南博集天卷文化传媒有限公司。本书版权受法律保护。未经权利人许可，任何人不得以任何方式使用本书包括正文、插图、封面、版式等任何部分内容，违者将受到法律制裁。

著作权合同登记号：字 18-2024-324

图书在版编目（CIP）数据

人生拒绝清单 /（日）pha 著；程俐译 . -- 长沙：湖南文艺出版社，2025.2. -- ISBN 978-7-5726-2221-2

I. B848.4-49

中国国家版本馆 CIP 数据核字第 20242R7L69 号

上架建议：人生励志

RENSHENG JUJUE QINGDAN
人生拒绝清单

著　　者：	[日] pha
译　　者：	程　俐
出 版 人：	陈新文
责任编辑：	夏必玄
监　　制：	邢越超
特约策划：	李齐章
特约编辑：	彭诗雨
营销支持：	文刀刀
版权支持：	金　哲
版式设计：	梁秋晨
封面设计：	主语设计
封面插画：	我是大黄
内文排版：	百朗文化
出　　版：	湖南文艺出版社
	（长沙市雨花区东二环一段 508 号　邮编：410014）
网　　址：	www.hnwy.net
印　　刷：	北京中科印刷有限公司
经　　销：	新华书店
开　　本：	775 mm × 1120 mm　1/32
字　　数：	96 千字
印　　张：	6.25
版　　次：	2025 年 2 月第 1 版
印　　次：	2025 年 2 月第 1 次印刷
书　　号：	ISBN 978-7-5726-2221-2
定　　价：	48.00 元

若有质量问题，请致电质量监督电话：010-59096394
团购电话：010-59320018

前言　　　　　PREFACE

当今世上充斥着无数"**必做之事**"。

无论是看电视，上互联网，还是逛书店，

"**必须这样做**"的信息随处可见。

必须找一份10年后20年后仍能养活自己的工作。 不

还必须买房。 为了防备灾害和事故,

如果不认真工作,就会给周围人

如果不继续努力,就会败下阵来;如果努

为了成为一个受

求职活动、婚活①和终活②。独创性与协调性。

为了健康,必须多吃蔬菜。

必须控制自己的情绪,但也不能让情绪积蓄过多。根据场合呈

如果今后连英语都不会,那就糟

如果不能在不给别人添麻烦的情况下为社会做贡献,就

---

① 寻找结婚对象的活动。不光是指在结婚介绍所登记、面见介绍对象,以结婚为前提参加联谊也是婚活的一环。——译者
② 为人生的结束事先做好准备的活动。包括为了不给家人添麻烦,将重要的内容写下来,制作给家人和朋友的"临终笔记";将一直以来在死后进行的继承手续,放在生前进行;举行"生前葬礼";等等。——译者

如果已经参

除了自己,还应该考虑环境

一天只有2

又要努力工作,还要兼顾家庭。

必须买保险、储蓄和理财。

带来麻烦。同龄人比自己更努力。

过了头,压力太大也不好。

爱戴的人,应该掌握这些技能。

必须抚养孩子,照顾父母,考虑自己的养老。

须多运动。

不同自己的同时,找出真正的自己。

了。　必须尽快回复朋友的电子邮件。

但是,如果睡前一直看手机,就会睡眠不足。

有活着的价值。

如果没有兴趣爱好,人生会很寂寞;如果不了解时尚潮流,人就会落伍。

加工作,就应该学会这些礼仪。

政治因素。必须取得相应资格。

个小时,所以必须更有效地利用时间。

为什么我们要被"必做之事"这样追着跑呢?

其中一个原因是"**信息泛滥**"。

在当今社会中,人只要活着,就会接触到电视、杂志、网络等媒体,遭到大量信息的狂轰滥炸。

很多人都会在媒体上持续传递这样的信息,诸如"想要幸福,就应该这样活""我就是这样成功的"。

这些观点都很正确,发表这些言论的人也都是真的对此深信不疑。

可是,作为一名听众,是不可能把这么多人说的所有信息都付诸实施的。所以,我们自己必须对信息进行删选。可惜信息实在太多,很难判断到底哪个是自己需要的。

其结果就是,每个人都在告诉我们必须这样做,可我们却不知道应该相信哪一个。

另一个原因是"这样能赚钱"。

人一旦满足于现状，就会停止消费。

只有让人产生"这样下去可不行"的不安情绪，才会促使他们消费。

所以，引发对方诸如"不学英语就糟糕了""不结婚就糟糕了""不买房就糟糕了""不减肥就糟糕了"等的不安情绪，成了推销产品的惯用套路。

不过，通过引起对方的焦虑推销出去的产品也并非完全一无是处，只是没到广告宣传的"没有就不行"的地步。

那些用"这样下去可不行"来过度威胁你的人，不是想让你买他的东西，就是他自己不够自信，想要否定别人的生活方式。所以这些人说的话不听也罢。

99%的所谓"必做之事"，其实都是"可以不做"的。

本书会逐一探讨世间所谓的"必做之事"，让你明白"哦，原来这些事都是可以不做的，人生还有更广阔的天地"，从而让你放松下来，活得更轻松。这就是我写本书的目的。

仔细想来，过去的我也曾疲于应付"各种必须"。

我从小就懒，动不动就喊累，既不擅长交际，也不善于结交朋友，每天去学校都很辛苦，就想一直在家睡大觉。

但学校必须得去，所以我坚持上学。我经常陷入自我厌恶的怪圈，怀疑自己不行，因为我做不到别人正常能做到的事。

我不知道自己该怎么做，也不知道自己想做什么，就想着"我先得努力做到别人正常在做的事"，于是我莫名其妙地上学，莫名其妙地学习，考上了不错的大学，毕业后总算在一家公司里找到了一份看着还算稳定的工作。

找到工作是不错，只是我一点也不喜欢公司和工作本身。尽管如此，我仍然坚持每天上下班，三年过后，终于到了我的忍耐极限。我想我做不到一直这样生活几十年。

"既然我自己也不明白为什么必须这样做，那就不做吧。即使周围的人不理解我，我也要做自己能做和想做的事情！"

有了这样的想法后，我决定从公司辞职。

周围有人斥责我说："别傻傻地辞去工作，过漫无目的、游手好闲的日子。"可我坚信"再在公司待下去也不会有好事发生"，所以我的决心没有动摇。

起初，辞去工作，过一种不被社会普遍接受的生活，也令我不安。

不过当我真的辞职后，却发现自己比工作时多了不少朋友。虽然收入锐减，却不用再背负工作压力，能自由支配的时间也多了很多，所以我每天都倍感幸福。

现在，我已经舍弃了大部分"必做之事"，只做自己想做的和最低限度维持生活的事，过着我能想到的最美好最轻松的生活——和社会没有太多关联，每天悠闲地睡觉度日。

如何才能不被"必做之事"牵着鼻子走，过上心有余裕的生活呢？

归根结底，唯一的办法便是自己动脑逐一判断"这对我来说真的必要吗"。

因为只要你的内心没有一个评判标准,就无法避免被别人搞得焦躁不安。

1. 拥有自己的价值观,而不是根据别人和社会的评价决定自己的行为。

2. 掌握自己的节奏,而不是强迫自己跟随别人和社会的节奏。

认识到这两点很重要。

解决难题的诀窍在于,将错综复杂的问题细细拆分成多个小问题后逐个击破。

本书会把"可以不做"的内容归类在 36 个"**不做清单**"中,以打破充斥世界的"必做"魔咒。

第 1 章是"**不拥有清单**",内容包括"一切都可以免费获取的时代""固定的人际关系正在腐坏""理清头脑的小窍门"等。

第 2 章是"**不努力清单**",内容包括"懒惰是一种美德""不想做的事不做也罢""一直状态良好容易早死"等。

第 3 章是"**不自责清单**",内容包括"归责自己 50% 就好""所有的成功都不过是巧合"和"痛苦的时候不妨发出点怪声"等。

第 4 章是"**不期待清单**",内容包括"如果放弃期待,人生就会轻松""别人都是和你语言不通的动物""把自己当作死人,做什么都开心"等。

大家不用特别在意章节顺序,从自己感兴趣的地方读起即可。

为了摆脱每天被追着跑的生活方式,让我们把盘踞于心中的"必须"都一一整理出来吧。

目录　CONTENTS

第 1 章

营造干净整洁环境的不拥有清单

一切都可以免费获取的时代？ —— 002

☐ 不买东西	→ 与平时的落差	008
☐ 不用钱来解决	→ 金钱和时间的互换性	012
☐ 不交房租	→ 空房和小屋	016
☐ 不独占	→ 不纯的动机	021
☐ 不要只在脑子里想想	→ 认知偏差	026
☐ 不读到一半就撇下	→ 四种做笔记的方法	032
☐ 不数字化	→ 让信息增色生辉	038
☐ 不执着于过去	→ 协和谬误	044
☐ 不积累	→ "成功"的枷锁	048

第 2 章

让行动变轻松的
不努力清单

懒惰是一种美德？ ———————————— 052

☐ 不忽视倦怠	→ 煤矿中的金丝雀	056
☐ 不一直状态良好	→ 强制性休假	060
☐ 不让自己显得高大	→ 马马虎虎吧	064
☐ 不削减睡眠时间	→ 不睡会早死	068
☐ 不自己动手	→ 大家都想被人依靠	072
☐ 不马上做决定	→ 交给你脑中的小矮人	076
☐ 不做自己讨厌的事	→ 是否适合做公司职员	080
☐ 不特殊对待周六周日	→ 有人休息也能运转的组织	084
☐ 不总待在一处	→ 改变人的三种方法	088

第 3 章

让意识变轻松的不自责清单

归责自己 50% 就好? ——094

- [ ] 不二选一　　　　　→ 一切皆是立场之争　　098
- [ ] 不归功于自己的实力　→ 成功靠的是运气　　　102
- [ ] 不让自己孤立无援　　→ 废柴集中营　　　　　106
- [ ] 不关联过密　　　　　→ 人际关系的上限值　　112
- [ ] 不按计划行事　　　　→ "能去就去"的自由　 116
- [ ] 不歧视　　　　　　　→ 生物的警惕意识　　　120
- [ ] 不在同一个平台竞争　→ 职业培训和程序员　　124
- [ ] 不扼杀情感　　　　　→ "我完蛋了"仪式　　 130
- [ ] 不绝望　　　　　　　→ 饥饿、寒冷、想死　　134

03

第4章

让人生变轻松的不期待清单

如果放弃期待，人生就会轻松？ —— 140

- ☐ 不封闭　　　　→ 同时参与多种互动　　　　　　　144
- ☐ 做事不带目的　→ 自我充实（Consummatory）　　150
- ☐ 不忍耐到最后　→ 割肉和抓食　　　　　　　　　　154
- ☐ 不献身于工作　→ "助纣为虐者（Enabler）"的陷阱　158
- ☐ 不在乎别人的看法 → 话听一半就够了　　　　　　162
- ☐ 不争论　　　　→ 暧昧地随声附和　　　　　　　　166
- ☐ 什么也不做　　→ 意守丹田　　　　　　　　　　　169
- ☐ 不长寿　　　　→ 完成义务教育便是余生　　　　　173
- ☐ 不钻牛角尖　　→ "无懈可击"的悖论　　　　　　177

后记 —— 181

第 1 章

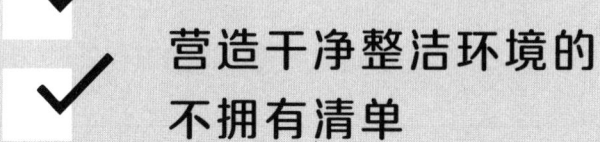

营造干净整洁环境的不拥有清单

人生拒绝清单　NOT TO-DO LIST

一切都可以免费获取的时代？

我认为,"拥有的东西越多越富有"的观念早已过时。

拥有的东西越多,管理成本就越高。所谓管理成本,不仅指管理费用、维护保养的时间和精力,还包括心理成本,因为你得不断关注那些许久未用之物,并纠结是否该把它们扔掉。

拥有的东西越少,生活就越轻松惬意。

就算你没有某些物品,但只要在你需要它的时候能租到或共享到即可。越来越多的都市人都会在需要用车时使用共享汽车。

而像客用被褥或礼服这些偶尔才会用到的物品,临时租用一下便足以应付。有人说,使用租来之物太过寒碜，但我认为这种想法有些陈旧。

我目前住在共享房屋（Share house）里，和朋友、熟人一起分享各种物品，包括房子在内。

因为这样的生活更轻松、便宜，还有一个重要的原因是**可以通过借用和分享拓宽自己的世界**。

在入住共享房屋之前，我不太玩游戏，也不看动画片。但当我在共享房屋的客厅里看到别人玩游戏和看动画片后，自己也开始喜欢上了最新的游戏和动画片。

不知不觉间，家里出现了自己不会买的漫画书，而我自己也喜欢上了看漫画。

以这种方式与他人共享物品和空间非常有趣，因为这样可以拓宽自己的世界，邂逅自己一个人时遇不到的事物。

或许，我本就没有太多物欲。我很少买东西，因为我想要的东西不多，就算我想要什么，也大都是通过互联网从别人那里免费获得。

迄今为止，我免费获得的物品有自行车、摩托车、汽车、洗衣机、电冰箱、漫画、游戏和电脑等。

世界这么大,大部分东西都是过剩的,面临即将被扔掉的命运。所以,只要你能成功找到想要扔掉它们的人,就可以免费获取。丢弃自行车和家电是需要付费的,所以特别容易从别人那里免费获得。

我对东西并不挑剔,即便免费获得的东西破烂不堪、濒临被处理的边缘,我也无所谓。反正是免费的,只要能用就好。

从互联网免费获得物品的诀窍在于,在推特[①]或博客上一个劲儿地反复表达"我想要一辆自行车,谁有多余……"的需求。或许不会立刻有人回应你,**但只要你坚持几个月一直这么说,就会在某天遇到愿意将多余物品匀给你的人。**

一位很早以前在印度乞讨的熟人告诉我:"乞讨的秘诀在于提出明确的需求,比如'请给我五卢比''请给我点吃的',而不是提出诸如'请给我点什么吧'的暧昧要求。"

当你把自己的需求明确表达出来时,对方更容易给

---

① Twitter,美国社交网络及微博服务网站,2023 年 7 月已正式更名为"X"。——编者

出"可以"或"不行"的回答,所以能增加免费获得物品的概率。

互联网是一个绝佳的速配工具,它可以将原本陌生的供需双方连接起来。世间的大部分贸易原本就是一种促成买卖双方顺利相遇的中介行当。

举个例子来说,你想吃萝卜,但要直接和萝卜种植户认识并购买非常困难,所以人们才需要农业合作社、

自己持有的物品:

- 想用的时候随时可用
- 始终需要管理成本

共享或租用的物品:

- 想用的时候能用就行
- 平时比较轻松
- 有时价格偏贵

只要在需要的时候能借到就好。

蔬菜批发商和蔬菜商店，为想吃萝卜的消费者和萝卜种植户牵线搭桥。

互联网具有跳过所有这些流通过程，直接把买卖双方连接起来的可能性。因此，只要能很好地将双方连接起来，就能免费获取物品。

另外，我不只从别人那里免费获取，也同样会把东西免费送人。拥有的东西太多，就会丧失轻盈感，所以不断把东西丢弃或者送人是件好事。

如果你把不常用的东西慷慨送人，那么下次就更容易免费获得。

扔东西容易让人犹豫不决，因为你会觉得那很浪费，但如果你一直保管着不用的东西，就会使管理成本居高不下，反而浪费。

有一个概念叫作"注意力资源"，是指人关注某事物的精力，但重要的是，**人的注意力资源是有限的**。拥有的东西越多，越容易让人疏于对每样物品进行打理。所以，无论你拥有多大的房子，能够有效利用的物品数量也极其有限。

除了物品，熟人、朋友、记忆和经历的数量也是如此。拥有得越多，用在每个人身上的心思就越少。

反过来说，在一无所有的情况下，获取新东西的余地更大。

一位练瑜伽的朋友曾经说过："深吸气的秘诀在于彻底把气吐光。"如果你想要获得什么，最好先把你现在拥有的东西扔掉。如果有一块地方空了出来，自然就会有新事物在那里出现。

想要得到新的东西，就要不断舍弃旧的东西。

在本章中，我们将探讨如何减少自己拥有的物品和信息，以及以轻松愉快的心情生活下去的各种技巧。

□ 不买东西

⊙ 与平时的落差

过了30岁以后,我不再有什么特别想要的东西了。

年轻的时候,因为缺乏知识和经验,所以对各种未知的事物都很感兴趣,会有各种期待和渴望,比如想要那个、想去那里、想做那种事。

对自己没见过的事物也充满向往,比如"如果我得到了这个从未拥有过的东西,或许我的人生就会发生翻天覆地的变化"。

但是随着年龄的增长,我对大部分事情慢慢有了经验后,就能想象到结果了。买东西前我就知道"即使买了紧身的衣服,自己也不会穿""即使买了需要费时费力去用的电器,自己也不会用"。

年轻的时候，我曾尝试购买各种衣服，因为心想"虽然自己也不甚清楚，但或许我该注意下自己的着装"。

但有一天我发现，自己对衣服不感兴趣。我原本就是一个不太介意每天穿同样衣服的人。当我意识到每天可以穿同样的衣服时，就自在了很多。我几乎每天都穿T恤和连帽卫衣。

别人怎么看我的问题也是如此。当我觉得别人对我的关注没有达到自己在意的程度时，我就不再担心别人怎么看我了。

鞋子也是只要穿着舒服就好，所以多年来，我一直穿同一种鞋，穿坏了就再买一双一样的。至于电脑，也是只要能上网和写作就行，所以就算最近用的是2万日元就能到手的廉价电脑，我也并无不满。

如此一来，**随着我逐渐明白什么才是自己生活的必需品，我就没什么特别的购买欲望了，也不太买东西。**顶多是在自己使用的物品坏了或用完时，重新购买相同的而已。

尽管如此，当我看到广告或在购物中心、电器商店里看到新产品时，偶尔还是会有想买的冲动。

不过，冷静想想，当时想要的东西也不是什么必不可少之物。

在这个消费社会里，巧妙激发人类购买欲望的技术已相当发达。

广告和购物中心都很擅长煽动消费者的购买欲望，所以我们不能被其中的技巧所摆布。

只要做到不怎么看广告、不怎么逛商店，就不会想到自己想要的东西，大多数情况下这样做也没什么问题。

不过，人有时也会有想挥霍一下的心情。所以，我也并不想完全否定购物的乐趣。

只是，我们不应该被那些试图以各种方式让我们掏钱的销售套路冲昏头脑。

我常在想："偶尔挥霍一下的乐趣在哪里？"它的关键不在于**所花金钱的多少，而在于与平时的消费差距有多大**。

什么意思呢？就是如果你平时买的都是 1000 日元的物品，那么只要消费 1 万日元就能让你兴奋；而如果你平时的消费水平在 1 万日元，那就必须购买 10 万日元的物品才能兴奋了。这就和酒喝得越多，酒劲越大，想要喝醉就必须喝更多的酒是同一个道理。

比起买1万日元的物品，买10万日元的物品能否给你带来10倍的满足感呢？大体并非如此，最多只能给你带来3到5倍的满足感。

这么一想，昂贵物品的性价比也就不高了。

我平时不会那样花钱，所以偶尔想散心消遣时，在24小时便利店买杯小贵的冰激凌，或者一次嚼两片口香糖，就能感到奢侈了一把。

一旦提高了平时的生活档次，想要获得挥霍的乐趣就需要花更多的钱了。

所以，最容易获得满足感的生活方式应该是不大手大脚花钱，买便宜的东西随意生活，偶尔买点小贵的东西吧。

让我们别太习惯花很多钱吧。

□ 不用钱来解决

→ 金钱和时间的互换性

大家是否都有过这样的经历：为了赚钱而去工作，因为工作而倍感压力，为了消除压力而去花钱？

我在公司上班的时候，就曾经陷入这样一个毫无道理的怪圈中。

虽然每天工作可以拿钱，可工作会让身体疲累，于是为了缓解疲劳去花钱按摩。

打着消除压力的幌子，买买东西、出去玩玩，散散心，又要花钱。

我总感觉这种来来回回兜圈子的做法毫无意义。

下班回到家，已经没力气做饭，总在外面吃，而且为了缓解工作压力吃了不少垃圾食品，这对自己的健康也不利。

与其这样，还不如不怎么工作，过一种每天时间充裕的生活，就算没钱，不是也能健康幸福地生活吗？我这么想着，辞去了公司的工作。

我认为自己的选择没错。

金钱和时间是可以互换的。**就算没钱，只要时间充裕，也可以在很多方面弥补不足。**

悠闲地散散步，顺便去趟廉价超市买食材，再自己做个饭，就能吃到味美价廉的健康食品。

稍微花点时间和精力，逛逛二手书店和图书馆，就能找到很多没钱也能享受到的娱乐活动，比如阅读和欣赏音乐等。在二手书店的 100 日元区"挖掘"几本有趣的书也是一份美事。

互联网上到处都是可以免费阅读和观看的内容。

手机上有许多免费的或只需几百日元就能玩的游戏，可以让你几个小时都沉浸其中。

去见朋友或把朋友叫来家里，玩玩游戏，一起吃个饭，逛个街，聊聊琐事，即便不花钱也不觉无聊。

比起在公司上班那会儿，我失业后交到的朋友多了很多。

或许是我体力不佳的缘故吧，工作的时候一下班，就已经精疲力竭，根本没精力去实施工作以外的计划。

而且，我还会在周六或周日睡上一整天补充体能，并把平时堆积的家务干完，否则就有种生活运转不下去的感觉。

所以，我想我是**在辞了职，与人接触的频率大大增加后，才得以正常社交的。**

对我而言，有时间比有钱更重要。

当然，精力充沛的人也可以过这样的生活：工作多，赚钱多，花钱多，让自己的日子过得阔气而充实。

可能喜欢这种生活的人更多，能做到的人也可以那样生活。

可惜在这个世界上，并非都是如此顺风顺水之人。

像我这种体力不佳的人，比较适合时间充裕的生活，就算没钱，自己悠闲地做做饭、散散步，和朋友聊聊天，

也可以过得很快乐。

无论你是体力旺盛还是体力不济,也无论你是喜欢奢华还是安于质朴,一个易于生活的社会,都应该为人们提供多种适合他们自己的生活方式。

要找到适合自己节奏的生活方式,不被瞬息万变的社会节奏所迷惑。

□ 不交房租

➔ 空房和小屋

在现代社会中，房租占据了生活所需经费中相当大的比例。如果能做到尽量不交房租，那就不必付那么多钱，也不必为之工作了。

就算没钱，能保证有个睡觉的地方也就好了。说到底，还是手上有土地的人最厉害，所以交点房租也是没办法的事，因为即便你理论了也改变不了什么。

虽然实现零房租比较困难，但降低房租还是有可能的。最有效的方法自然就是"降低房子的档次"。

据说，著有《20岁后隐居》一书的大原扁理先生，就是住在东京多摩地区离车站较远的、每月房租2.8万日元的房子里，实现做二休五的。我觉得这个方向不错。

个人觉得，**年轻的时候住住破房子挺好，至少能提升自己对破房子的容忍度。**

就拿我来说吧，我读大学时住的是破旧的学生宿舍，破旧到被路人误以为是废墟，因而得到了锻炼。学生宿舍里没有空调，夏天酷热，冬天极寒，一间房住4个人，就像挤在一张小双层床上。

虽然宿舍的条件比我之前住的老家还要恶劣，但那种宿舍生活让我明白：自己也能在这样的生活水平下正常生活。

另外，我曾想过像我这样懒惰的废柴似乎正适合这样的生活。

从那以后，无论我搬去哪里，只要一想到比学生宿舍舒服，就不会有什么不满。

我现在也和朋友们一起住在共享房屋里，每月只要2万到4万日元就能解决房租问题。房子只要能遮风挡雨、让人睡个安稳觉就很好了，不用那么讲究。

比起房子的舒适程度，必须工作以承担房子维护成本的问题更为严峻。

即便房子狭小，只要附近有以低廉价格便可出入的生活场所，比如公园、沿河步道、图书馆、公共浴池、朋友家、家庭餐馆等，就足以弥补其短了。

想要减少房租，还有一个办法就是租住乡下的空房。如今，日本地方人口过少的问题日益严峻，到处都是空置房屋，所以如果你去"限界集落①"那样的地方，每月只需几千日元就能租到一套独门独户的房子。甚至还有人表示，我想住可以免费。我还以每月5000日元的价格从熟人那里租了一套和歌山县深山里的房子，偶尔会过去玩玩。

不过，乡下的房子也不是只要出钱任谁都能租的。在农村，"村社会②"这种地域纽带很强，所以必须与当地人搞好关系，取得他们的信任。这一点有些麻烦。

如果你想尽量避免社交，也可以选择在乡下买一块便宜的空地，盖一间小屋来住。高村友也的博客"花10万日元盖屋生活的睡太郎博客"和 *B-Life* 一书都可以供

---

① 即常住人口中65岁以上的老人超过半数，从而难以维持共同体的村落。——译者
② 以村落为基础形成的地方社会。特指一个以有势力者为中心、维持严格秩序、遵守村约并拒绝接受陌生人的排他性社会。不遵守村约会受到制裁，例如全体村民对其实施断绝来往的制裁。——译者

你参考。

只是在那种情况下,你将生活在一片没有供水供电设施等基础设施的土地上,所以你得自己解决这些问题。这需要相当多的生存技能。

最近,选择在简陋小屋里居住的年轻人越来越多,也出现了很多以此为主题的博客。如果你能在乡下生活的同时确保经济来源,那么这种生活也未尝不可。

倘若有一天真没钱了,又不想麻烦别人,到了无计可施的地步,我也会去深山里搭个小屋过活。

即便没有真的付诸实施,只要想到"万一真过不下去了,还有这样一条退路",就好像有了心灵的护身符。

如果你能拓宽自己的生活理念,心中就会多一份余裕。

为此,你可以尝试各种不同的生活方式,也可以偶尔去与那些生活方式和你相去甚远的人见面交谈。

□ 不独占

⊖ 不纯的动机

当我开始做一件新的事情时,会比较注重两个方面,即"是否按照自己的节奏做自己想做的事"以及"是否慢慢地向外界公开"。

比如,我在创建共享房屋时便是如此。

创建共享房屋源于我的一个个人动机,即一个人生活太孤单,想要一个能让大家聚在一起的房子。我正在把共享房屋打造成可以轻松进入,并尽可能多地与他人共享的空间。

因为比起一个人单独行动,这样的世界更广阔也更有趣。

我首创的"极客之家（Geek House）"是一个为喜欢电脑和互联网的人而设的共享之家。后来扩展到全国各地，很多人开始在很多地方创建他们各自的"极客之家"。迄今为止日本国内已经有二十余家了。

另外，我写博客也是同样的想法。

说起博客，真是种类繁多，很多博主为了赚钱只写能吸引大量流量的话题，而我基本上只写自己喜欢和感兴趣的内容。不想写的时候，甚至几个月都不更新。

我之所以把自己的博客取名为"pha 的日记"，也是为了向大家表明一种态度，即"说到底这只是我的个人'日记'，所以我只写自己喜欢的东西，犯懒的时候就不会更新"。

我完全是为了自己写作，但**如果我把它们写在笔记本或其他载体上**，只有我一个人阅读，就无法让更多的人看到，会很无聊，所以我尝试在互联网上发表。

我带着这种想法平淡地写着博客，起初看我博客的只有熟人，渐渐地因为它有趣而去看的人越来越多，后来我就能出一本书了。

我已经写了 15 年博客，住了 8 年共享房屋，之所以能坚持这么长时间，是因为我基本遵循了"以自己舒服的节奏做自己想做的事"的原则。如果我是出于"赚钱"或"对社会有用"之类的动机做这件事，恐怕干不到一年就会因为太累而中断吧。

基本上，每个长期从事某项工作的人，不管从事的工作是什么类型，都应该会有这样的想法。

其实，志愿者也不只是为了社会或需要帮助的人在做义工，他们也怀有一些世俗的动机，比如"能和同伴见面很开心"或者"不想待在家里，因为家里让人感觉不舒服"。

没有什么是仅靠崇高的动机就可以长期坚持的，所以这样也没什么不好。我觉得带着"我想受欢迎"的不纯动机去努力做事也挺好。因为这是人类与生俱来的、深埋体内的强大驱动力。

按照自己的节奏，做自己喜欢的事；同时慢慢地向外界公开，让所有人都能轻轻松松地加以利用。如果你坚持做到以上两点，很多东西就会自然而然地聚集到你身边，即便你不求任何回报。

我一直在 Hatena Blog[①] 上写博客，运营 Hatena Blog 的 Hatena 株式会社创始人近藤淳也先生曾在他的博客上写过这样一段话：

如果你不公开信息，就不可能比现在的自己走得更快。而一旦你把它们放到网上，它们就会在不同人的助力下，一下子成倍增长。我认为互联网就像一个智慧的

[①] Hatena Blog 是一家成立于 2001 年的互联网服务平台，推出过很多免费的服务项目，Hatena Blog 有英文版和日文版，用户可以在这里发布想法、心情等，内置多种主题，可以自定义模板，拥有分类、留言和统计等功能。——译者

倍增器。

知识比物品更容易分享,而互联网是一个非常适合低成本分享知识的空间。不要独占自己的想法,尽可能地在互联网上公开吧。

□ 不要只在脑子里想想

→ 认知偏差

"房间乱糟糟的人,脑子也是乱糟糟的。"

正如人们所说的那样,一个人脑袋中的情况是与自己周围的环境联动的。想让周围的环境干净整洁,最好先理清自己的头脑。

到目前为止,我写的内容都以不拥有物品为中心,接下来我将尝试列举理清头脑的诀窍。

一个人只在自己的脑子里思考而不对外输出并非一件好事。

当一个人独自思考问题时,会逐渐分不清对错,或搞不清自己原本想要做什么,想法很容易变得极端或陷入僵局。

人的记忆和认知都是靠不住的。人经常会在不知不觉中扭曲现实并产生错误的认知。

人可能只记得对自己有利的事或为了迎合自己而篡改记忆。

为了避免出现诸如此类的认知和思维上的偏差，除了在头脑中反复思考，最好能时不时地向外输出。

方法之一就是"将它们写在纸上"。

有一种治疗抑郁症的方法，叫作"认知疗法"。

人一旦患上了抑郁症，所有的想法都会变得消极，比如会觉得"我总是不行""我什么都做不好""一切都完了""前途一片黑暗"等等。

可是，这不过是疾病导致的思维偏差，并非他真的处于如此绝望的境地。

"认知疗法"是一种让人冷静地去修正此类"认知偏差"的方法。

"认知疗法"的基本做法就是把自己的所思所想和心情写在纸上，仅此而已。

如果你只在自己的大脑中思考，消极的想法就会在脑海中盘旋，将你困在其中，令你无法脱身，但如果你把思考的内容写在纸上，让它们离开你的大脑，你就可以比较客观地看待它们，并能够发现其中很多的"认知偏差"。

如下页表所示，"认知偏差"主要分成这几种模式。在这里，我只对它们做一个概述，感兴趣的朋友，请自行上网查阅。

如果你重新细读了你写成文字后的想法，并尝试去除其中的"认知偏差"，**就会改变以前的想法**，意识到**"之前的想法有点过于悲观了""走到这一步也是无可奈何的"等，从而让自己变得积极一些。**

这种认知疗法虽是一种治疗抑郁症的方法，但它对没有抑郁症的人也同样有用。当你感到为难、烦恼或者迷惘时，尝试把内容用文字的形式写下来，你的心情就会轻松一些，也更容易找到解决的办法。

或许，养成写日记或写博客的习惯也不失为一件好事。

十种常见的认知偏差

○**非此即彼的思维**→小小的一点失败,就会觉得全都不行。

○**过度一般化**→只发生了一次不好的事,就觉得总会这样。

○**心理过滤**→凡事都存在好坏两面,只看到坏的一面。

○**消极思维**→受到表扬时,也消极地认为"这是侥幸"或"表扬我的人根本不清楚状况"等。

○**逻辑跳跃**→毫无根据地将他人的行为与坏事联想到一起。

○**过度放大或缩小**→过度夸大自己的缺点和失败,过分贬低自己的优点和成功。

○**受情感左右**→所有判断都依情绪而定,比如"因为我很不安,所以必败无疑"。

○**应该句式**→用"应该"和"不应该"的原则来思考问题,让自己和他人焦躁不安。

○**乱贴标签**→片面地给自己贴上"我不行"的标签。

○**罪责归己**→当发生什么问题时,觉得全是自己的错。

另一个输出想法的方法就是"与人交谈"。

毕竟，一个人的能力是有限的。就算你把事情写在纸上重读一遍，当你脆弱时，也会无法判断对错，不知何去何从。这种时候，最好有人倾听你的心声，给你点建议。

如果你没有合适的倾诉对象，可以写到互联网上。

你也可以写在博客上，如果不想公开自己的姓名，写在匿名公告栏或"发言小町①"等匿名问答网站上即可。

恋爱问题就是一个典型的例子，**那些在恋爱中的人看来如此特别、如此迫切和戏剧化的烦恼，在外人眼中只是一个寻常故事。**

听听互联网上陌生人的意见，就能听到来自第三方清醒视角的建议，或许可做参考。

互联网上的匿名网站里充斥着各色人等真实而迫切的许多烦恼，我有时会读它们来打发时间。

我能从中学到很多东西，当真是受益匪浅。比如："在这个世界上，真是什么样的人生都有……""站在客观的角度看非常简单的事（配偶对你实施家暴的话最好

---

① 日本人唠家常的网站。——译者

尽快逃离等），一旦自己身处其中，就会变得不知道怎么做……"

不过，如果能从自己身边的朋友那里获得建议，那就最好不过了。

所谓朋友，就是与你有着相似价值观、能从不同视角为你提供建议的人。

如果可以，最好能有几个朋友。因为如果你只有一个朋友，当你觉得这个朋友的建议不对劲时，就无法判断是你错还是他错了。

如果你能听取多个人的意见，那就多少能对"从客观角度看原来是这样的"有所理解。

如果你自己感觉不对劲，可以的话，也找几个会对你说"你不觉得这有点奇怪吗？"的朋友吧。

□ 不读到一半就撇下

→ 四种做笔记的方法

养成不懂就去查的习惯,让我受益匪浅。

偶尔听到有人抱怨说:"出了社会后,完全用不上初高中时所学的数学和古文。"然而在学校学习的意义之一就是"锻炼自己查找资料和获取知识的能力"。

如果你掌握了学习的方法,将来需要学什么的时候就不会犯愁了。

虽然我已经忘记了在学校所学的大部分知识,但我掌握的学习方法和体会到的学习乐趣,对我现在的生活帮助很大。

我每天都在专注地看书和阅读互联网上的文章,然后撰写手稿和博客。

我本来就是有书读便不觉无聊的性格。读书写作曾经只是我的兴趣爱好,但最近我发现它们已在不知不觉中成了我的半份工作。

写文章还是需要大量阅读的。写一本书,需要你拥有一百本书的阅读量。

你必须在用自己的方式咀嚼、消化输入的大量内容后,才能有一点产出。

我买不起所有我想看的书,一般都从图书馆里借。有人问我:"如果你想再读一遍图书馆里借来的书怎么办?"那再向图书馆借便好。

一来我家的书架数量有限,二来就是**只要把图书馆当作自己的书架用就好**。

或者,当我读完一本从图书馆里借来的书,产生了"我想把这本书放在身边定期再读"或"我很喜欢这本书,想把它像护身符一样带着"的想法时,有时也会在书店里购买。不过,这种书一百本里也许只有一本。

如果书读到一半就撂下,会很快忘记,所以我会尽可能地多做笔记。

记笔记的妙处除了方便你日后反复研读,还有很重要的一点就是动手记笔记更容易加深记忆。

根据书的重要性,我把记笔记的方法分成了四类。

1. 重要性:不重要

首先是不太有趣的书。这类书我不做笔记,因为忘了也无所谓。

有时,只是为了自我满足,检查自己这个月的阅读量,我会在一个名为 BookLog① 的网站上记录下阅读情况。

2. 重要性:低

书中有几处有趣的内容或我感兴趣的地方。在这种情况下,我会把书记录在 BookLog 上,并引用该书的精彩部分。

---

① 日本书评网站。可以记录已读、正在阅读和想读的书籍,撰写读后感,查看评分等。——译者

这样一来，当你日后对书中的某些内容产生兴趣时，就可以快速参考书中的重要部分，而不必一边回想写在哪里，一边重新翻阅整本书了。

如果你只记下了书中的一句话，那情况又不一样了，因为你可以通过看这句话，回忆起书中一连串的内容。

3. 重要性：中等

整本书都很有趣，仅是引用几段话远远不够。在这种情况下，我会自己做读书笔记，总结书中的精彩要点，并把它们放到一个和我平时使用的博客不同的、专门记录读书内容的博客中。

我没想过要把这个记录读书内容的博客展示于人，所以笔记的内容很零碎，很多时候即便别人看了也不会懂。

虽然别人看了也未必能懂，但只要我自己重读时能够回想起书中的精彩内容就好。

如果你不想让别人看到，你可以只在自己的电脑里留下笔记，而不在互联网上发表。不过博客的优势在于，"当你想知道自己写的东西在哪里时，只要通过谷歌检索书名和自己的名字就能找到"以及"如果你写在博客里，就算自己的电脑数据出了问题丢失了，它也会被保留下来"。

4.重要性：高

书非常好，很想推荐给别人看，或者此书引发了自己的很多思考。在这种情况下，我会在博客或推特上公开发表我的感想。

这种时候，我会设法对此书进行到位的说明，让即便是对此书一无所知之人也能领略它的精彩之处。

当你有意识地向人推荐一本书时，你必须把书的精彩之处化作通俗易懂的文字，这个过程也会加深你对这本书的理解。

除了写好书介绍，写博客或写书时我也有"为了加深自己的理解而写"的这层用意在。

"或许是这样的吧？"——将头脑中模棱两可的想法

转化为语言，写在纸上变成文章是一件非常有趣的事，而且写完后头脑中的内容也得到了梳理，感觉非常畅快。

当今时代，你可以随时随地在谷歌上搜索到任何内容，所以仅是了解知识意义不大。如何将你掌握的知识变成自己的一部分，并作为有用的信息活用起来才是重要的。

而且，**为了让纯粹的信息变得有血有肉，最有效的方法就是写文章时考虑他人的眼光。**

如果你想学什么，就自己去查找你感兴趣的部分，并在博客等处用你自己的语言进行说明吧。

□ 不数字化

→ 让信息增色生辉

过度追求"不拥有物品"的结果,就是最近有越来越多的人开始呼吁:"把所有的书都做成电子书就好!全面推行数字化吧!"

这样做方便倒是方便了,但我更喜欢阅读纸质书,因为读纸质书更容易记住书中的内容。

我认为无须特意记住细节的漫画或小说是可以做成电子书的。但像那些需要在前后书页间来回翻看、对大量内容进行深入思考的阅读,还是纸质书更合适。

读纸质书之所以更容易记住书中的内容,可能是因为看书时伴随着一些非语言的刺激吧,如拿书的动作、翻书的动作、摸着书页的触感等等。

将信息和非语言的感官元素联系在一起时，会更容易记忆。众所周知，在记忆技巧和背诵技巧中有这样一种方法：把应该记住的信息与颜色、声音、画面等元素联系起来，就会更容易记忆。

举个通俗的例子，人们会通过唱歌（同谱换词）来记住中国历朝历代的名称，利用谐音来记住元素周期表或者英语单词。

同样，在阅读一本书时，**比起数字的虚拟的操作**，感受书本的重量、翻动书页、粘贴便笺、画线、折角等实际操作更容易为信息增添属于自己的独特"色彩"。

用笔在草稿纸或便笺上写下工作任务或购物清单，比输入电脑或智能手机上，更容易让人铭记于心。

而且，当你完成任务，将这些内容用笔快速画去或将纸揉成一团扔掉时，还会产生成就感和畅快感。

购买电子书的确相对轻松。既不用跑实体书店，也无须等待网购商品邮寄到家，只需轻轻一点，就能立刻下载阅读，的确非常方便，我有时也买。

但是如果你把书的内容与你平时不太常有的"体验"

（比如去一家你平时不常去的大书店，在书架上找到那本书，买下那本书，然后在回家的电车上打开书袋开始阅读）联系在一起，那有时你所读到的内容就更容易在你日后的生活中留下印象。

以下是我分别使用数字信息工具和模拟信息工具的一些例子。

● 数字信息工具（计算机数据）

对于那些可以遗忘的内容，数字化是不错的选择。比如小说等消遣读物，或不用专门记住、需要时每次查一下就行的信息等。笔记什么的也可以酌情存储在电脑或云端。要做到不记得也没关系，能随时检索得到。

● 模拟信息工具（纸质书或笔记本等）

当我希望能完全吸收某些知识和信息并自由使用它们，而非仅是单纯了解时，我会阅读纸质书。如果我想掌握什么或深入思考什么时，就会用纸和笔边写边记边思考。

我写的文章虽然最终都是在电脑里完成，但在最初产生想法、拼凑大致形象的阶段，用的还是纸和笔。一开始，我会在一大张纸上写下我所有的零碎想法。

这是因为比起打字，手写文本更容易通过各种方式为信息增添自己独特的"色彩"，例如改变字母的颜色和大小、以垂直或水平方向排列单词、在文字之外使用箭头和其他符号等。

人脑会很快适应各种刺激，所以使用各种颜色和形状，不单调地输入信息很重要。 埋入大量线索，以便它们成为日后勾起你记忆的"钩子"。

通过谷歌检索马上就能知道或任何人都能随意获取的中立信息毫无意义。用自己的方式消化信息，并能创造出意义独特的内容才最重要。

为了将各种零碎的想法结合起来激发创作新作品的"灵感"，借助色彩、排列和图形等非语言元素进行思考很重要。

做此类工作时，用笔和纸等模拟信息工具比用电脑更方便，至少目前是这样。

我在笔记本上打草稿时，并非单纯地简单记录，而是在结合了"思维导图"、"三色笔信息活用术[①]"和"KJ法[②]"的基础上，采用自己独特的化整为零法，运用颜色和形状等元素将自己想到的内容总结成图表，具体如下图所示。

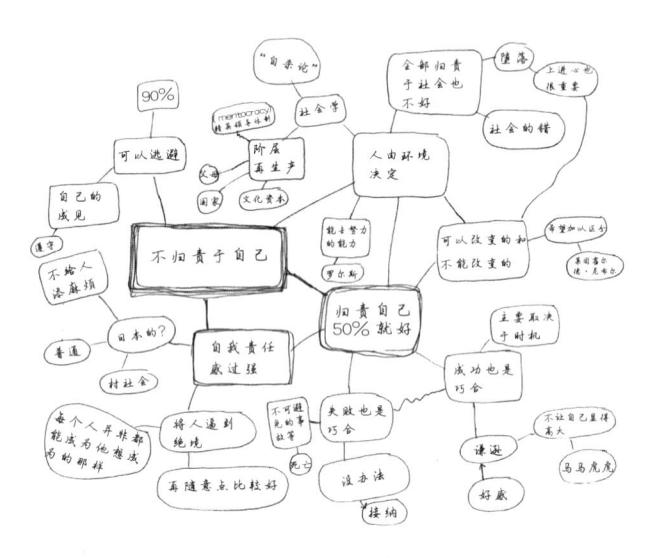

写本书时打的草稿

[①] 日本明治大学教授齐藤孝提出的一种信息分类方法，用红、蓝、绿三色的圆珠笔区分信息，如红色代表重要事项，蓝色代表一般事项，绿色代表个人事务等。——编者
[②] 又称亲和图法、A型图解法，是由日本东京工业大学教授、人文学家川喜田二郎提出的一种质量管理工具。——译者

世界上有很多这样的知识生产信息技术，所以只要你多加尝试，找到适合自己的方法，就能提高工作效率。

我一开始会把零碎的想法写在纸质笔记本上，汇总后输入电脑。不过当我推敲已经输好的文章时，又会把它重新打印出来，边读边用笔修改。

虽然打印出来有点麻烦，但比起在显示器上看文本，打印在纸上更能客观地掌控全局进行修改。

文本数据保存在云端，所以可以通过智能手机进行访问。有时我从智能手机的小屏幕上读取时，又会有不同的感觉。

改变阅读媒介（如电脑、纸张或智能手机等）**，会让你的视角也略有改变，从而拓宽你的思路，让你更容易注意到忽略的东西。**

每个人都有最适合自己的思维方式，所以请大家多多尝试，找到最适合自己的那种。

□ 不执着于过去

→ 协和谬误

前几天,我在观看日本将棋比赛直播时,发现将棋名人[①]羽生善治立刻舍弃了刚下的前一步棋,这让解说员大为震惊。

一旦舍弃了前一步棋,就会回到走这步棋前的局面,而自己还损失了一步。所以他说:"刚才那一步棋下错了。虽然略有折损,但请允许我从刚才的地方重新开始。"这意味着他立即撤回了之前的决定。

据说,人很难做这种决定。因为一旦按照某个方针推进流程,就会产生不愿意承认错误的心理。

羽生名人改变方向的策略奏效,漂亮地赢下了该场

---

① 围棋、将棋的最高等级。——译者

比赛。比赛结束后,羽生善治对他舍弃前一步棋的决定有些不好意思,但也表示了无奈。

顺便提一句,在日本将棋的世界里,电脑战胜人类职业棋手已变得司空见惯。

在电脑将棋中,电脑不会为人类所想的流程或意志所困,可以当场下出最佳的棋步,所以很多棋步在人类看来很不对劲,但结果往往很好。

要承认自己以前做出的判断和耗费的精力都是徒劳很难。

但是,**与其继续朝着错误方向前进,不如尽早改变方向,这样所受的伤害更小。**

有一个心理学术语叫作"协和谬误"。这个词源于超音速协和式客机的研发失败。

协和式客机是英国和法国耗费巨资联合研制的,但在研制成功之前,就有人表示,这种飞机将来无法盈利,所以最好停止研发。

但是,人们还是以"不能浪费迄今为止投入的资金和劳力"为由继续开发,最终如预料的那样,铸成了商业败局。

在股票等金融投资中，人们最常提及的就是"止损最重要"。

当购买的股票价格下跌时，很多人都不愿意承认自己选错了，他们会继续持有这些股票，认为过段时间可能会上涨。然而，这种选择往往会导致更大的损失。最明智的选择是不惧亏损，尽早卖出。

连协和式客机这种集结了众多优秀人才的伟大工程都会失败，那么像我这样的普通人会遭受同样的失败也在所难免。

不过，**只要明白了过去的失败模式，当你再遇到类似情况时，或许就能应付自如了。**

据说，"协和谬误"不仅是存在于人类身上的现象，动物好像也会出现类似的判断错误，比如它们会把辛苦得来的食物视为比它的实际价值更重要的东西。

虽然这是一种本能的错觉，但好在人类足够聪慧，能够弥补这种本能的错误。

我在生活中也经常犯错,但当我意识到自己错了时,会很快改正。"哦,对不起,到底还是我错了。"

我想这可能是因为我不太在乎自己"不体面"和"没面子"吧。

当你选错道时,最好及早回头,因为这样你受到的伤害会比较小。

让我们勇于承认错误,重新开始吧。

□ 不积累

→ "成功"的枷锁

我很喜欢福本伸行所著漫画《天》中的最后一章,每隔几年都会再看一遍。《天》是一部麻将题材的漫画,但在最后一章中,完全没有出现麻将。

赤木茂是一个高傲的麻将天才,因患上了阿尔茨海默病,想在失去理智前亲手结束自己的生命。

赤木以前的朋友和敌人都在拼命让他放弃安乐死的念头。

这场有关生与死的对话,在单行本三卷书中展开。

我最喜欢赤木和暴力团组长原田之间的一段对话。

赤木对着升任广域暴力团组长、拥有充足金钱和权力的原田说道:

"你积累的成功太多……"

"无论你拥有多少金钱和权力……其实你已经陷入了困境……'成功'是不会让人自由的……"

"你现在动不了了吧？满意了……"

我并不是否认成功本身。追求成功是人生的必修课。

只是一旦成功，最好马上放手。

因为你所获得和积累的成功会成为束缚你的枷锁，处处羁绊你，让你无法随心所欲地行动。所以，**立刻丢弃你所积累的成功非常重要。**

我有时很佩服那个毫无顾忌地抛下这些话只身赴死的赤木茂。

说到我自己，每隔几年，我都会冲动地想："哇，我完了，我已经厌倦了一切，我过不下去了，我想抛开一切，做点别的事！"每每如此，我都会辞职或者搬家。或许我已经厌烦至极了。

不过，我总觉得这种厌烦是在把我从积累过度的某种束缚中解救出来。

所谓成功，重要的不是结果，而是争取的过程。

努力争取成功的过程是快乐而鲜活的，**不过一旦目标实现，人就会对继续保持成功感到厌倦，转而寻求新的其他事物**。人是一种没常性的生物，无法忍受一成不变。

正如我们在"不执着于过去"一节中看到的那样，人会沉湎于过去所做的事情，即便是失败的，也难以割舍。如果过去是成功的，那就更难舍弃了。

但是，通过成功获得的东西如果积累得过多，也会让自己感觉窒息。

所以，有时候发一些怪声，尝试扔掉或打碎各种东西，重设陷入僵局的现状，也不失为一个好办法。

有所收获固然开心，但摧毁东西也让人快乐和爽快。当你对现状感到厌倦时，不妨发出些怪声来摧毁些什么吧。

第 2 章

让行动变轻松的不努力清单

人生拒绝清单　NOT TO-DO LIST

懒惰是一种美德?

我常在想,现在这个社会,是不是有很多人太过努力了?大家是否可以稍微偷点懒,做得差不多就好了呢?

当然,这并不是说没有必要努力。

因为有些时候是必须努力的,而且当本人干劲十足、想要努力时,努力也没有问题。

但有些人明明已经超出了自己的体力精力极限,却仍想着要加倍努力,以致搞坏了身体,患上了精神疾病,那就得不偿失了。让我们首先舍弃"可以无条件努力工作"的唯心论吧。**努力工作是好事,但更好的是"在不努力的情况下想办法解决"**。

著名程序员拉里·沃尔①曾说过:"懒惰(Laziness)、性急(Impatience)和傲慢(Hubris)是程序员的三大美德。"

为什么懒惰是一种美德呢?因为越懒的人越不想工作,越会认真思考如何快速高效地把工作完成。

勤劳的人遇上有点麻烦的事,会凭借自己的体力和毅力想办法解决,但越是懒惰的人越会因为嫌麻烦而想出其他更有效的办法。这就是新想法诞生的源泉。

另外,一位名叫哈默施泰因(Hammerstein)的德国退役老兵曾说过这样一段话:

"让聪明而懒惰的人当指挥官。让聪明而勤劳的人当参谋。让愚蠢而懒惰的人做日常工作。别让愚蠢而勤劳的人全权负责。"

这段话的有趣之处在于,他认为聪明而懒惰的人比

---

① 拉里·沃尔(1954—):程序员、系统管理者、语言学家和作家,1954年9月27日生于美国加州洛杉矶,程序语言Perl语言的设计者。——译者

聪明而勤劳的人更适合当指挥官。因为越是懒惰的人，越想把工作交给别人去做，不拘泥于细节，能够做出重大决策，所以适合做上司。

相反，愚蠢而勤劳的人最为糟糕，他们甚至比不上愚蠢而懒惰的人。之所以如此，是因为愚蠢而勤劳的人会在原本什么都不用做、发呆就好的时候做一些不必要的事，从而使事情变得更糟。

勤劳的人总在努力工作，看似很了不起，但其实只是因为他们不擅长闲着，总要去做些事罢了。

这就好比"加班是因为我不想回家"或"在休息日工作是因为我无所事事"。

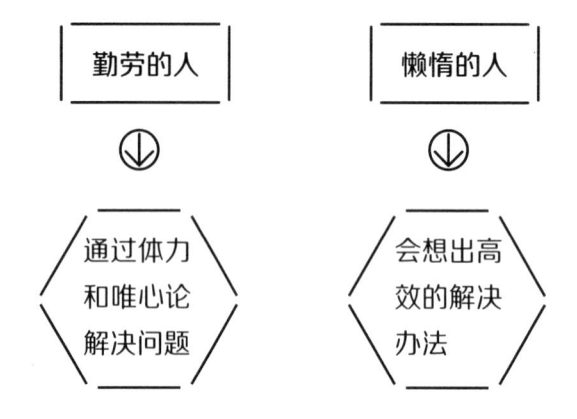

勤劳的人	懒惰的人
↓	↓
通过体力和唯心论解决问题	会想出高效的解决办法

结果，在这种情况下工作就像是一种个人爱好。如果从"这工作真的有必要做吗？"的角度去想，其实做不做并没有太大区别。

喜欢努力工作的人任他努力便是，没必要每个人都去模仿。**因为不是为了工作才有的人生，工作不过是充实人生的一个手段而已。**

努力工作并没有什么了不起的，也不必强迫自己成为一个勤劳的人。

在本章中，我们将探讨轻松做事的方法，从而避免因过度努力给身心带来超额负担。

□ 不忽视倦怠

⊖ 煤矿中的金丝雀

我经常在推特上抱怨"浑身没劲"。

不仅在推特上,现实生活中我也经常说"浑身没劲"。很久以前这就是我的口头禅。

为什么我要特意在推特上说自己浑身没劲呢?一个原因是说出来后心里会舒服一些,就像夏天天热时说"我好热啊"一样。

另一个原因是我想让大家知道,人是可以说"浑身没劲"的。

我总感觉社会上存在一种氛围,觉得"人不要总说'浑身没劲'"或"浑身没劲是因为精气神不足,应该更加努力",但我认为这是错误的。

倦怠是人的一种重要感觉。**你应该更加敏感地察觉倦怠,而不是仅把它当作一种犯懒情绪来忽略它。**

当人感到倦怠时,身体和情绪都会隐约表现出与现状的不和谐感,比如"我人不舒服"、"我精神状态不好"或"我不太喜欢自己正在做的事"。

我认为,倦怠是身体发出的一种信号,是在提醒你最好休养一下或者换换方向。

忽视身体的倦怠感继续工作,会让人生病或卧床不起,所以最好在你感觉倦怠的初期就好好照顾自己。

所以,我个人认为,你可以堂堂正正地以"今天浑身没劲"为由向公司请假,只是在现在这个社会里,这种做法很难行得通。

那么,在这种时候,你就装病说"我感冒了……"吧。公司有公司的各种体面,我们也稍微做下让步吧。说谎有时也是权宜之计。

其实,人在倦怠感加重、生病之前休息最佳。但不知为什么一旦有人在感觉倦怠时休息,就会招世人嫌弃,实际上不生病，没倒下，是不允许休息的，这种逻辑真的好奇怪。

我比一般人更容易倦怠，动不动就累，所以感觉自己很像社会上的"煤矿里的金丝雀"。

过去，人们在下矿时，都会带一只装在笼子里的金丝雀。

因为矿井中到处都有危险的瓦斯气体，金丝雀一旦进到瓦斯气体聚集的场所，就会比人更早察觉到危险，表现出浑身乏力、不再鸣叫的症状。由此，人们就可以知道这个地方很危险了。

同样，在人类社会中，**不耐受压力的人能最早察觉到异样。**

精力充沛的人即使在不合理的情况下也能忍耐并继续努力，但我在这种情况下是最先不行的。

我与金丝雀的不同之处在于，我不会继续待在笼子里，而会选择抢先逃离。

当一个人真的非常非常想做某事，或发自内心地觉得"这是绝对必要的"时，就会忘记倦怠。

当你感到倦怠或没有动力时，就意味着有些地方不太对，比如方向或节奏。

当你感到倦怠时，可以把这当作重新评估你正在做的事情的契机。

让我们对倦怠感更加敏感一点吧。

□ 不一直状态良好

→ 强制性休假

一直以来我都最怕冬天。

冬天的日照时间短，容易让人心情低沉。而且不管怎么说，寒冷都让人不舒服，会让整个人失去活动的能量。

我最多一周出门见人一到两次，大部分时间都是一整天躺在床上。

我一味懒洋洋地上网，还懒得做饭，一直躺在床上吃点心面包。

可以说，冬天我有一半时间都在冬眠。

我也害怕夏天，虽然不像害怕冬天那么厉害。夏天会让人热得浑身没劲。

所以一年之中，我称得上精神状态好的时期，恐怕也只有春秋两季，总共五六个月吧。

另外，一到下雨天气压过低时，我的脑袋和身体就像被压住了般喘不过气来。所以，大部分下雨天我都在家睡觉。

考虑到自己冬天、夏天和雨天的状态都不好，所以我一年中能顺利活动的日子或许不到半年。

这么想来，我的这种体质似乎相当不便，但我认为这种体质也有它的可取之处。

因为一直不间断地频繁活动，会使人因疲惫或不堪重负而崩溃，所以强制性地定期休息是件好事。

社会上有某人豁出命地辛苦工作几年、十几年后病倒，休息一年甚至更长时间的例子。

与其这样病倒，还不如在一年中设定几个不活动的时间，这样也更容易安排计划。

如果你把身心不适归因于季节，那你就会感觉轻松，因为过几个月（过了这个季节）问题就会得到解决。

假期就是假期，你可以做很多事。

刚好可以安静地待在家里，重新思考一下最近自己做的事，或者整理整理自己的物品，改掉因惯性而持续的坏习惯（比如浪费金钱、酗酒、吃垃圾食品等）。

假期还能为你的下一阶段活动补充动力和能量。于我而言，冬天睡得越沉，来年春天精力就越充沛。

另外，我经常感冒，常会卧床，但我认为偶尔生场小病是必要的。

我有个从事"整体[①]"工作的朋友说："最好偶尔得个感冒之类的小病，把身体的疲劳和不适都发散出来。不感冒持续努力工作，就会使身体的疲劳和不适长期累积，最终酿成大病。"我觉得确实有这种可能。

疾病的症状就像是身体向你发出的求救信号，所以生病时最好安静休息，不要与疾病做任何对抗。

如果你在冬天、雨天或得了感冒时不想做事，那也

[①] 依靠手的力量来进行骨骼的矫正，调整身体各处的平衡，以此改善体质、增进健康的特色技法。有时也被称为"整体术"、"整体法"或"整体疗法"。——译者

是合理的。在这种情况下,最好老老实实地休息休息,犯犯懒,这样当你感觉好些时,就可以没有顾虑地全力以赴了。

没必要因为休息感到内疚和有负罪感。有时就该积极休息,好好睡觉。

□ 不让自己显得高大

→ 马马虎虎吧

就像我在"不忽视倦怠"中所写的那样,我总是把"浑身没劲""好麻烦啊"挂在嘴边,我说这些话除了"想肯定倦怠",还有"不想让自己显得高大"的原因。

当别人觉得我又懒又怪时,我会更轻松。

因为这样他们就不会把自己的期待(比如,"这个人应该会帮我",或者"都交给他吧")强加在我身上。**别人不对你抱有期待,你做起事来就更容易随心所欲。**

世上很多人都希望让别人觉得自己厉害,我却不能理解这种想法。我觉得这样会很辛苦。

"不让自己显得高大"也是我从多年的网络生活中总结出来的经验。

如果你在网上发表诸如"我很厉害!""我很顺利!"的言论,就会在短时间内招致大量不满和攻击。

网络是一个容易让负面情绪肆虐的空间。那些在现实世界中因害怕遭到鄙视而难以启齿的不雅言论、可能被当作危险分子或疯子的欠妥言论,都会混杂在大量不特定匿名网络人群中,被轻易地发表出来。

而当攻击性言论大量聚集时,在群体心理的作用下,事态会变得越发不可控,逐渐白热化。网络就是这样一个可怕的地方。

在这样一个动荡的网络空间里,发表"我不行""我什么都不懂"之类的言论更容易避开风波。

我有些朋友,会把好事写在只有他们的朋友才能看见的封闭性社交网站(如 Facebook[①])上,比如"我的工作很顺利""出国旅游很开心",而把糟糕痛苦的经历(比如,我工作进展不顺、我丢了钱包等)发布在推特、博客等谁都能看的公开平台上。

我认为,这是一种在互联网上生存的智慧。

另外,或许因为我是关西出身,所以也受到了关西

[①] 美国著名社交媒体平台。——编者

人交流方式的影响。

与其他地区的人相比，关西人会不假思索地随口说出"我真是个傻瓜""他真是个傻瓜（介绍亲戚时）"之类的话，或被问到"最近过得怎么样?"时回答"实在是不行啊"之类的消极之言。

这就像是日常寒暄，实际上很多时候并没有那么糟糕。示弱是一种让对方感觉轻松的智慧。

一个典型的例子就是，当别人问你有没有赚到钱时，即便你赚了很多钱也不要自夸，而是要回答"马马虎虎吧"。同理，当你赚得不多时，你也要夸张地回答："不，一点也不好。"

这是一种不自夸的态度，**不自夸有它的好处，不会招致别人的嫉妒和反感。**

或许可以说是"舍名求实"。

不必担心自己会被别人看不起。我觉得别人看不起你是很正常的。

举个例子来说，从 A 的角度来看，世界的中心是 A，所以我的存在微不足道。对任何人而言，他自己就是世界的中心，当然会把自己的价值观当作绝对的标准。

所以，我在别人的世界里就是微不足道的，即使别人根据他的价值观判断你是个废柴，你也没有必要在意。

别人的评价并不重要，重要的是你能否在自己的世界里对自己做出恰当的评价。

我的目标是自然地拥有自信的状态，而不是刻意让自己显得高大。

□ 不削减睡眠时间

→ 不睡会早死

很久以前，我读过漫画家水木茂老师的漫画《睡眠的力量》。虽然只有短短两页，却给我留下了非常深刻的印象，我至今难忘。

在这部散文式的漫画中，水木老师本人也有出场。漫画讲的是在一次出版社的聚会上，水木老师遇到了手冢治虫和石森章太郎两人，他们谈到了睡眠的话题。

手冢和石森两人的对话如下：

"我最近很忙，总是熬通宵。"

"我已经通宵两天了。"

"我已经通宵三天了。"

水木老师对他们说:"无论多忙,我都会睡上 10 个小时。"

"真是令人羡慕啊。"

面对如此回答的两人,水木老师说:"别小看了睡觉,睡觉才是长寿和幸福的源泉。"

虽然水木老师如此强调,但两人都一笑而过,并未当回事。

漫画最后以水木老师的嘟囔结束:"所以他们都很早就去世了啊……"(手冢、石森两人在 60 岁时去世,水木老师在 2015 年以 93 岁的高龄安然离世。)

我坚持认为,**没有充足睡眠的生活对一个生物体来说是错误的。**

人不睡觉,就会搞坏身体,心情也不会放松,所以睡觉是生命的基础。

当我辞去公司的工作,开始过现在这种游手好闲的生活时,最开心的也是每天不用在规定的时间起床,想睡多久就睡多久。我一般每天都睡 8 个小时,但偶尔也会睡上 10 ~ 12 个小时。

世上有些人睡得少也无所谓,但我不睡就完全不行。

如果我只睡5个小时就起床,那么接下来的一天我都无法正常思考,跟人交流时也会非常急躁,更别说熬通宵了,熬通宵会破坏人的生活节奏,让人在接下来的两天里完全没法正常行动。

当我还是一名公司职员时,如果前一天没睡好,上班时就会因为睡眠不足而面如死灰。很多次睡眠不足,我都会用"今天发烧了"这个理由来装病请假。

因为在当今社会,公司是不会接受因睡眠不足而请假的。

如果我想以这样的理由请假,就会受到斥责:"你在胡说什么!"但我个人认为,**在睡眠不足的情况下工作是一种不人道的折磨。**

相比之下,我现在简直就像生活在天堂,因为我不用每天早上起床。

睡的时间长了就会做梦。梦中我大多会被带去与现实迥然不同的世界,被迫体验一些奇怪的事,我认为这是一种很好的娱乐。

无论是读书、看电影还是去游乐园,你都不可能像做梦时那样忘记现实,完全沉浸在另一个世界里。

当然,偶尔我也会做痛苦的噩梦,但当我从噩梦中醒来时,总会感叹:"哦,谢天谢地,还好只是个梦。"这也提醒我去感恩已经习惯了的日常生活。

睡觉让人心情愉悦,做梦也很有趣。最重要的是,睡觉是免费的,睡觉是一种很好的娱乐活动。

让我们珍惜睡眠,好好生活。

□ 不自己动手

→ 大家都想被人依靠

有时会遇上这样一类人,他们不管做什么,都带着"自己做更快"的想法,什么事都尽量自己一个人做,从不让别人帮忙。

虽然这样的人精力充沛,非常厉害也非常勤奋,但我并不想效仿他们。

我总觉得比起这样,自己尽可能地不做,全让别人做更好。这样人才不累,会更轻松。

会有"自己做更快"的想法,难道不是因为太过完美主义,或不够信任他人吗?

要知道,世界上没有十全十美的事,一个人的能力也是有限的，所以把事情交给别人，让别人以适当的方式帮你完成某些部分，也是很自然的事。

我有时会搞一些把大家聚集在一起的项目和活动，比如建造共享房屋、举行网友交流会，但我通常只是把大家召集在一起，往往自己并不干什么。

我体力不佳，所以最好找些体力好的人来帮忙。人做事有擅长和不擅长之分，所以让每个人承担其擅长的部分会比较好。

另外，我觉得一个人做，劳动力是有限的，所以最好想办法让很多人来分担，这样整体上就有了发展空间。

还有，最重要的一点就是，人都是希望被人依靠的。

一般来说，除了自己的时间实在不富余，每个人都是渴望别人找自己、想被人求助的。

因为人从本质上来说是孤独的。

正是在拜托和被拜托的过程中，人才有了相互沟通、产生信任和友情的契机。

当你拜托一个无事可做的人去做某事时，他们往往会很乐意，而且让别人帮忙也是一件好事。

但是，不管什么事，只是干巴巴地叫别人做，别人是不会行动的。拜托别人帮自己做事，有以下三个重要的关键点。

1. 拜托别人时要放低姿态。

低下头，温柔地拜托。例如："如果你能帮我做这件事，我会非常感激和高兴……"

2. 当他们帮你做完事后，要向他们表示感谢。

永远不要忘记说"谢谢"。说不说谢谢，给人的印象完全不同。

只说声谢谢是不用花钱的，所以不要吝啬说谢谢。

3. 反过来，当别人拜托你做事时，要应承别人。

作为对方帮你忙的回报，你要表态自己也会在什么时候成为对方的助力。

就算实际上无法实现，但至少也要营造这样一种氛围。即使没有给出任何回报，人们也会因为你想以某种方式还人情而感到满足。

与其事事亲力亲为，不如在他人的帮助下做更多的事情，扩大人脉圈，和更多人建立起信任关系。

善于求助和被求助，才能活得更自在。

□ 不马上做决定

→ 交给你脑中的小矮人

我生性优柔寡断，不擅长做决定。生活中，我每天都苦于为各种事情做决定。

午餐吃什么？在家做还是去外面吃？如果出去吃，去哪家餐馆？进了餐馆后坐哪个位置？午餐菜单和普通菜单哪个更令人满意？……

我常把"等一下，让我想想"挂在嘴边。在日常生活中得不断做出选择，很费劲。有时候，我挺羡慕那些能快速做出决定的人。

不过我认为，做决定慢可能也有它的好处。

因为花一些时间做决定，有时更能做出正确的决断，或想出好主意。

作家之间流传着这样一种说法："若想成就一篇好文章，与其立刻把你的想法写下来，不如沉淀几天或一周后再写。"我在写作时也对这一点深有体会。

在堪称创意教科书的《创意的生成》一书中，作者詹姆斯·韦伯·扬将产生创意的过程分成了以下5个阶段。（这本书很薄，有兴趣的人不妨读一读。）

1. 收集资料。
2. 认真研读收集到的资料。
3. 完全忘记自己曾研究过的东西，做其他事。
4. 结果突然有了创意。
5. 完善创意方案，使其能够实际应用。

这本书中说，第三步完全忘记自己曾研究过的东西，做其他事的过程最为重要。

我认为那个过程，正是住在大脑中无意识区域的"小矮人"开始工作的阶段。

所谓小矮人，就是格林童话中那个会在鞋匠熟睡时帮他完成工作的人。

其实，在大脑的无意识区域，很多信息正在被加工处理，只是我们自己意识不到。

所以，即使你把信息输入大脑，放置一段时间后忘记了，小矮人也会在这段你无意识的时间里工作，并在不知不觉中将你的想法以某种方式归纳概括起来。

这么想来，当你没有明确想法时，不马上做决定，静观其变，也是相当有效的做法。

为了让信息"沉睡"，可以暂时把一切都忘记，但要留下笔记，以便以后重新开始。

留下笔记的诀窍是把未来的自己想成是别人。

整理好信息，使对此一无所知的"别人"看了后也能理解。如果你经常这样做笔记，那么不仅能加深自己的理解，还能提高把自己正在做的事传达给别人的能力。

另外，我总感觉，做决定慢的人比做决定快的人更善良。

因为优柔寡断和犹豫不决的性格往往与"我可能错

了"的这种谦虚感有关。

有了这种柔软感,你的人际关系往往会更好。

所以,并不是所有事情都是迅速做出决定就好的。有时,把事情适当放一放,它自然会得到解决。

不要强迫自己快速做决定,而是要按照自己的节奏,不急不躁地做出决定。

□ 不做自己讨厌的事

→ 是否适合做公司职员

偶尔听人说:"所谓工作,就是要咬紧牙关,坚持不懈地完成你不想做的痛苦事,才能取得成果!"我觉得没有比这更奇怪的言论了。

人生不是一场受虐游戏。

一般来说,说这种话的人喜欢"吃苦耐劳",这只是**他们的个人癖好**。

这种人抱着这样的想法努力工作倒也没什么,但如果把这种原则强加在普通人身上,让普通人模仿他们,再苦再累也得努力,那就会陷人于不幸了。

在工作中取得成功的人,通常是知道自己适合什么,并把适合自己干的事坚持到底的人。

说"即使不喜欢,也要咬紧牙关去做"的人也是如此。他们只不过是适合"不喜欢也要努力"而已。

我从公司辞职也是因为我不适合这种生活,而并非我不能努力。

当我还是一名公司职员时,我每天早上都在规定的时间起床,穿上派头十足的衣裳,长时间与很多人在同一个空间里工作,这种生活令我痛苦万分,但公司里有很多人并不觉得那是痛苦的。

"我拼命努力在做的工作,他们做起来却丝毫不觉辛苦。与这些人站在同一个平台上竞争,注定只有输的份,太荒谬了。"

出于这种想法,我辞去了公司的工作。

付出努力就能成功吗?其实两者间并没有多大关系。

人生最重要的是时机。不顺的时候,再怎么努力也不顺;顺利的时候,不怎么努力也很顺。

正如我在"不独占"中所写的那样,无论在什么地方都能长期生存下去的,都是按照自己的节奏做自己喜欢的事情的人。

最近越来越多的人开始在互联网上崭露头角，无论内容是文章、音乐还是插画。我也是其中之一。

他们怀着一颗平常心，创作自己喜欢的作品，将其上传到网上。觉得它们有趣的网友会传播这些内容，然后就有出版商等找到他们，建议以商业的方式出版。

只要坚持做自己喜欢的事，终究会有出头之日。

当然，人生并不都是心想事成的，在某些情况下，你不得不做一些令你痛苦或你不喜欢的事。

这种时候，你别无选择，只能尽力而为，但不该有"我这么努力，就必须有回报"的想法。因为努力与否和是否有回报是两码事。

说到底，走出困境也不过是时间问题。所以，当你痛苦时，想想"生活并不总是一帆风顺的，人生就是这样"，然后低下头耐心等待就好。过不了多久，风向就会改变，轻松的时刻就会来临。

你不必心不甘情不愿地去做那些自己不感兴趣或不喜欢的事，尽可能地只做自己感觉有趣的事情吧。

如果你的心态是健康放松的,自然会对各种新事物产生兴趣,也会发现自己当时需要的东西是很有趣的。

如果这个世界上没有什么让你觉得有趣,那说明你的身心已经疲惫不堪,需要休息一下了。

□ 不特殊对待周六周日

⊖ 有人休息也能运转的组织

这个世界已被一分为二，分成了工作日的世界和周六周日的世界。

一个周末休息的上班族，是不太知道自己居住的城市工作日的白天是怎样一种氛围的。

这意味着你只能了解这个世界的一半，太可惜了。

偶尔也尝试请一天假，悠闲地体验下工作日的白天吧。

辞职的好处之一，就是可以在工作日的白天闲逛。

因为我不喜欢人多的地方，所以一到周末，我就无法放松，因为走到哪里都有很多人。

家庭餐馆、超级公共浴场、河边和山上平时都很空，没什么人，所以花同样的钱可以享受双倍以上的舒适。现在周六周日人太多，我哪儿也不会去，大部分时间都闭门不出。

如果能在自己喜欢的时间出行，旅行会更轻松。如果在周六周日、盂兰盆节或新年假期等期间出行，住宿费和交通费会更贵。

而在淡季的工作日，几千日元就能乘坐廉价航空公司（LCC）的飞机，住宿费也往往比较便宜。

虽然因为辞职，我的收入只有原来的几分之一，但一想到可以避开节假日自由活动，我就没什么不满了。

本来我就觉得日本企业让员工都在同一天上班和休息的做法有些过分，人员的流动太不平衡。

正因为如此，上下班时间的电车才异常拥挤，每逢盂兰盆节、新年或黄金周，高速公路还会出现严重的交通堵塞，旅游景点更是拥挤不堪。

如果能多一些错开休息的时间，大家应该会更轻松一些吧。

在我朋友的公司里，员工可以选择一周里哪两天休息，可以选周六和周日，或周三和周日。我真希望有更多的公司能进行这样的尝试。

"出勤"并不等于"工作"。如今，互联网如此发达，应该有越来越多的工作可以通过在家办公来完成。

即便如此，错开周六周日安排公司休息日依然困难重重，究其根源，可能是追求社团活动式的整体意识在作怪吧。在这种氛围中，"每天不出现在工作单位，就不会被视作能独当一面的人"。

但是，只有每个人都出勤才能运转的制度体系是相当脆弱的。

因为平时很难休假，所以工作起来很辛苦，而且填补退休或离职人员的空缺也很费劲。

即便有一两个人休假也能在其他人之间运转的组织，要比只有所有人出勤才能运转的组织更为优秀。

为了形成这样的组织，最好让每个人平时就能随意使用带薪休假权利，在工作日休息。

如果大家都形成了"那个人从不请假"的共识，那么

安排工作时就会以他/她从不请假为前提，所以一旦这个人偶尔请下假，大家都会非常为难。

如果大家形成了"那个人有时会请假"的共识，那么就会做好即便他/她请假也能想办法运转的准备，所以他/她请假就会变得比较容易。

如果你真心替公司着想，就在平时按需请假吧！这样，即便公司离开了你，也能照常运转。

□ 不总待在一处

→ 改变人的三种方法

在第1章中,我们探讨了"清理自己周围环境"的各种方法,但仅是调整周围环境是有局限性的,还会让人厌烦。

所以,有时去到远方,让自己置身于截然不同的环境中,也是不错的选择。

某天,我在网上看到管理咨询师大前研一先生的一段话,深以为然。

一个人要改变只有三种方法。
第一是改变时间分配方式。

第二是改变所处环境。

第三是改变交往人群。

只有这三个要素变了,人才会改变。最没有意义的事情就是"重新下定决心"。

人的所思所想和所作所为都会在不知不觉中受到环境的影响。你在日常生活中的所见之物、居住的房屋、城市和周围的人都会限制你的思想和观念的自由。

因此,当你陷入困境或想要做出改变时,与其用"转换心情全力以赴"的唯心论来改变自己,不如改变周围的环境。

突然大规模地改变环境也不错,比如搬家或者换工作。

但要做到那种程度很难,所以我觉得还是暂时尝试下旅行为好。

当我在日常生活中停滞不前时,就会突然开启一场什么都不定的旅行。旅行当天,我会随意搭上一辆电车或快速巴士,在路上用智能手机找好住处,然后入住一家便宜的商务酒店。

我并不进行什么观光旅游或奢侈活动,只是恍恍惚惚地坐在电车或巴士上,看看与往日不同的风景,吃吃与往日不同的饭菜,睡睡与往日不同的床,心情就会大不一样。即使是两天一夜的旅行,也足以让我精神焕发。

去一下离家较远的地方,就能相对客观地审视自己的日常生活并有所改变。

平时心中的烦闷会清晰地浮出水面。比如"仔细想想,真是怪了,我为什么要每天忍受同事对我说的那些讨厌的话?下次见到他们时,要明确地提出来""反思一下自己最近为什么总在惯性的驱使下光吃垃圾食品"等等。

人在思考问题时,会在很大程度上受到当时自己所处地理环境的影响。

平时我在东京,总感觉东京就是一切的中心;但当我去了其他城市时,就会注意到各个地方有各个地方的生活方式,而完全意识不到东京的存在;如果去到国外,我还会意识到,在日本司空见惯的习俗也只是地方性的

规则罢了。

从城市到乡村，就能客观地重新认识城市；而从乡村到城市，就能从略有不同的角度去思考乡村。

在思想家东浩纪先生所著的《弱关联：探寻检索词之旅》一书中，东浩纪先生论述了"虽然我们现在生活在一个通过网络检索就能了解任何事物的世界，但实地走访的重要性并未因此降低"的观点。

诚然，现在通过网络检索，可以了解到任何信息，但为了达到了解自己想知道的事物的目的，仅在网上查找是不够的，还需要真正走进那个地方，获取真实的体验。这就是旅行如此重要的原因。

尽管互联网已经相当发达，但仅在家对着电脑就能完成的虚拟体验还不能完全满足所有需求，所以旅行和走动的重要性也不会降低。

不要总待在一个地方，要时常走动走动。

第 3 章

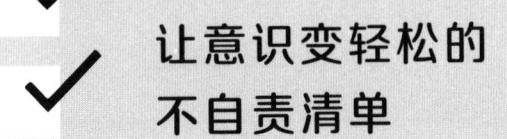

让意识变轻松的不自责清单

人生拒绝清单　NOT TO-DO LIST

归责自己50%就好？

我感觉当今社会对那些引发了某个事件或不擅长生活的人的指责声很大，说他们"是咎由自取"或"如果好好想清楚再生活就不会那样"等等。

诚然，他们本人也是有责任的，但生活中有很多事情是个人无法掌控的。

变成现在这样，也不是那些目前过得不好的人想这样才造成这种局面的。

他们的问题只是出生和成长的环境，或者非本人责任的突发问题所导致的，变成这样他们也很无奈。

很多时候，责怪个人并不能解决任何问题，比起责怪，说"这不是谁的错，是没有办法的，你真是受苦了"

来安慰他人更重要。

我之所以有这样的人生观,原因之一是受了大量社会学书籍的影响。

社会学常常会从社会影响的角度来解释人的行为。

例如,我们认为"经济景气与否与自杀率有关"或"出生在有钱人家的孩子上好学校,获得高收入的概率较高"。

当然,每个人都是不同的,我们不能仅凭社会影响来判断一个人的一生。但是,站在统计学的角度,我们可以得出"处于这种环境中的人变成这样的概率较高"的结论。

如果你的观点是"人是由环境决定的",那么你就不能简单地认为一个人的成败都是由其自身原因造成的。

人生中有许多事情是无法通过个人努力解决的。

无论是谁,都可能遭遇突如其来的事故、灾难和疾病,这些都可能让人生变得痛苦。现在生活得好端端的人,也不过是"碰巧运气比较好而已"。

然而,即便如此,也不宜觉得一切都是社会的错,因为这会破坏个人的上进心。

其实,很多事情是可以在一定程度上通过个人努力解决的,但如果把错都归结于社会,就会打击个人努力的积极性。

所以,既不要全都归责于自己,也不要认为全是社会的错。"自己承担一半责任,还有一半自己也无能为力",这种想法应该能让心态达到一种恰到好处的平衡吧,这样既不会对自己太宽容,也不会对自己太苛刻。

酒精依赖症自助团体常会用到一篇名为《尼布尔的祈祷文》的文章。

上帝,请赐予我吧!

请赐予我勇气吧,去改变我可以改变的。

请赐予我冷静吧,去接受我无法改变的。

请赐予我智慧吧,去分辨可以改变的和不能改变的。

——莱因霍尔德·尼布尔

酒精依赖症是一种一旦染上就很难摆脱的疾病,要想摆脱它,最重要的就是要找出自己可以改变的地方,并有改变它的意愿。分辨哪些可以改变、哪些不能改变，是最难的。

"你必须自己改变一切，你自己要对一切负责。"怀有这种想法活着会很辛苦。

"人生有很多事是自己无法掌控的，也不是自己的责任。"——仅是持有这种想法，就能活得轻松一些，也能对人更加友善了。

在本章中，为了避免因背负过多责任而压垮自己，为了对他人更加宽容，我们将从"不责怪自己"的角度进行一系列的思考。

□ 不二选一

⊖ 一切皆是立场之争

我常在想，人类的所有言论都不过是立场之争。

人们对事物的看法，会因其成长环境及立场的不同而大相径庭。而且，看到的东西不同，想法也大不相同。

人的角度和立场不同，看到的事物也会呈现出或圆或方或三角的形状。

世界上存在着很多争论与纠纷，但站在他们各自的立场上都有其正确性。没有谁是百分之百正确的，也没有谁是百分之百错误的。

每个人都只是根据自己的立场、自己的人生经历、与周围人的人际关系和性格习惯等各种要素，来选择支持意见 A 还是意见 B 而已。

说起立场之争，一般给人以"存在偏颇"或"不好"的感觉，可归根结底，**人们只能基于自己的立场来思考问题，所以我认为正面看待立场之争很重要**。这也有助于我们肯定他人的存在。

世界上有形形色色的人，很多事情如果不站在各自的立场上，是看不到的。

所以我想，这个世上存在这么多处于不同位置、持不同想法的人是有道理的，为了让他们能够进行意见交换，才会有这么多的人吧。

自己看不到的地方，别人可以帮你看到；别人看不到的地方，你自己可以看到。

许多人都对这个世界持有不同的看法，他们对事物有所思考，经过意见交换、相互碰撞、相互影响，才使各种事物应运而生、不断变化，这就是这个世界的有趣之处。

反过来想想，如果每个人都长得和自己一样，拥有和自己一样的想法，那这个世界该有多吓人啊。如果生活在这样的世界里，我会立刻自杀。

不是在 A 和 B 之间二选一，而是想象每个人都有对有错，大家都带着各自的立场和状况努力生活，那么你就能对和你意见相左的人或你不喜欢的事物友善一些。

若说到轻松程度，单纯地断定"A 是正确的，B 是错误的"倒是绝对轻松。

因为不用考虑"自己的意见可能是错的"这种复杂情况。

但是，这条轻松的道路，却是简单地舍弃与自己不同之物，纯粹地与贫瘠的世界连接的道路。

为了活得轻松，你需要坚韧不拔地寻找一条非 A 非 B 的，且不过分偏向任何一边的中间道路。

每当发生冲突时，不要全盘否定意见分歧方的想法，比如主张我方的意见绝对正确，或指责对方是什么都不懂的白痴，而是想象双方都有各自的不满和实际情况。

然后，尝试找到能以某种方式磨合的契合点。

我想，秉持这种对他人宽容的态度，最终也能使你自己活得轻松。

□ 不归功于自己的实力

→ 成功靠的是运气

当我做什么做得好或赢过别人时,并不太会感到自豪。

受到表扬时,也不会那么开心,我只会有"碰巧而已"的想法,甚至还有抱歉和不适的感觉。

这是因为,正如我在"归责自己50%就好?"中所写的那样,与其说成败与否取决于自己,还不如说是由自己周围的环境决定的。

在这个世上,只要努力就会成功的简单体系并不多。

两个人同样努力,一个人做得好,一个人做得不好,诸如此类的情况并不少见。

归根结底,是因为成功取决于运气和时机。

如果你出生在一个富裕的家庭,就会在一个良好的环境中长大,结婚时父母会给你买房,你的生活会很轻松。

出生在城市的人在升学和就业方面比出生在农村的人更有优势。

人的一生有很多方面是我们自己无法决定的。

也有人说:"即便如此,也不能只看环境,个人的努力程度也很重要。就算出生在优越的环境中,自己不努力也是不行的。"

的确,这话有一定的道理。然而,对正义和平等问题有过深入思考的哲学家约翰·罗尔斯说过:"能去努力的能力也是优越环境的产物。"

是否出生在一个条件优越的家庭、在什么样的成年人身边长大、天生具有什么样的基因等都是对你是否能够努力有极大影响的因素。

也有人说:"很多人出身不好,不是照样通过努力闯出了自己的一片天地吗?我们应该向他们学习。"

的确存在这样的例子。有些人通过努力摆脱贫困和困境的故事富有戏剧性，很容易被当作故事来讲述。我认为这种成功本身是件好事。

然而，就算存在碰巧成功的人，大多数处于不利环境中的人会失败也是不争的事实。

举些碰巧成功的例子，说出"因为有些人在困难的环境中也取得了成功，所以你不成功该由你自己负责"这种话，会将人逼入绝境。

我们不应该将少数碰巧成功的事例当作普遍规律。

这就是我们在"不要只在脑子里想想"中看到的，一种"认知偏差"的模式——过度一般化。

为什么这个社会喜欢那些通过努力摆脱贫困和困境的故事呢？

除了具有戏剧性和娱乐性，还因为成功人士们相信"成功不是偶然的，是自己努力的结果""那些人不成功，只是因为他们不够努力"，所以大家才喜欢这样的故事。

也就是说，在这背后隐藏着一种愧疚，即他们不愿意承认"人生很大程度上是由运气和环境决定的"。

所以，我认为把成功和失败都"归责自己50%"，才是自然的、对人友好的思维方式。

另外，当你做得很好时，说"这只是一个巧合"比说"我是不是很厉害"更好，因为这会让人感觉你很谦虚，对你抱有好感。

成功只是碰巧运气好，表示感谢。

失败只是碰巧运气不好，无可奈何。

让我们把成功和失败都想成是"巧合"吧。

□ 不让自己孤立无援

→ 废柴集中营

我失业后结交的朋友比在公司工作时多了不少。

原因很简单，就是体力和精力更多了。或许，我比普通人更容易感觉疲劳。

当我还是公司职员时，工作并没那么辛苦，但通勤和工作还是耗费了我几乎全部的体力和精力。

工作日的晚上，我就在家里发呆，什么也不想做，即便是周末，我也只能整天在家休息，做做积攒下来的家务。

我在公司里没有关系特别好的朋友，在公司以外认识朋友的机会也相当少，所以每天倍感孤单。

世上的确有人每天白天辛勤工作，工作日的晚上和周末还能精力充沛地追求自己的爱好,但我认为这样的"体力怪物"是很少有的。

每个人的精力都不一样,所以你只能找寻适合自己的生活方式。我之所以辞职,是因为我觉得在公司工作无法让我过上正经的生活。

失业后,我最害怕自己与社会失去联系,变得孤立无援。所以,好不容易有了充裕的时间和体力,我就尽可能多地与人接触。

辞职后我会搬去东京,也是因为我在网上认识的很多朋友都住在东京。

我每天都有充足的时间上网,会写写博客、在推特上跟人聊天之类的。玩网络,自然认识的人越来越多。我还积极参加线下的网友见面会。

我在公司里没有谈得来的朋友,却在互联网上找到了不少兴趣相投、一拍即合的朋友,我可以和他们谈论没什么人知道的小乐团。在这一过程中,我逐渐产生了"自己能否创建一个地方,让大家聚在一起"的想法,于是我创建了共享房屋。

只是，我自己是个既懒惰又没出息的人，"物以类聚"，所以我身边聚集的也以缺乏生活能力的废柴居多。什么无法工作的呀，没钱的呀，精神状态不稳定的呀，酗酒者，等等。

那些不能很好地适应社会上大多数人生活方式（比如正常工作、成家立业等）的人，在生活的很多方面都处于劣势。

所以，我觉得这类人更需要聚集在一起建立网络。

废柴聚集在一起，也有能相互弥补的地方。例如，我们会经常交流如何以低廉的价格获得智能手机和电脑，如何在活动中获得免费食物，或者让没有住处的朋友寄食在自己家中，或者为没有工作的朋友介绍兼职工作。

我有一个在东京工作的朋友，经历了各种失败后，被公司炒了鱿鱼。因为付不起房租，不得不回到乡下父母家里。但他和父母处得不好，每天在家都很难受，于是我邀请他来东京，并对他说："暂时来我家住吧。"

他在我家寄食了一段时间。某天有个熟人问我："我想招些兼职人员，你知道谁有空吗？"于是我把他介绍给了那个熟人，他也因此找到了工作，成了一名员工。这是一个碰巧成功的案例。

一个人很难从根本上拯救另一个人。这是因为每个人遇到的困难和问题，很多时候只能由这个人自己解决。

但是，就算帮不上什么忙，只要能陪着对方聊聊天或吃个饭，就可以给对方带去很大的精神支持。

越是与社会格格不入的人，越容易把自己孤立起来，而一旦他们将自己孤立起来，就会使原本糟糕的情况变得更糟。

活着是一件很辛苦的事，**但如果把废柴聚到一起，他们死亡的可能性就会略微下降，不会那么轻易放弃活着**。当然啦，即便如此，要死的人还是会死。

我在老家和在公司工作时，会感到很孤独、有闭塞感，这都是因为我在周围找不到和我一样糟糕的人。

我周围的每个人都能正常地适应社会，没有我在学校、公司和社会中感受到的那种违和感。我找不到一个和我谈得来的人。

最后，多亏了互联网和城市，我才得以结识一些废柴。

在网络和城市里,许多少数群体会建立自己的社区,并和大家分享这个空间。

如果我一直留在家乡,也不上网,就很难找到人去谈论万分之一的人才知道的小众音乐和小众作家,也很难找到谈论自己对社会和人生的思考的对象了吧。

或许,那些拥有多数人感觉的人,是不会为从日常接触的人当中找不到朋友而犯难的。

可是,**拥有少数人感觉的人,就不得不动用各种工具来结识和自己谈得来的人。**

无法适应社会中多数人生活方式(比如在公司上班

或结婚生子）的人，在很多方面都处于劣势。

这是因为社会的许多制度和规则都是为大多数人设计的。

但是，当大量废柴聚集在一起时，就可以在一定程度上弥补彼此的不足。

弱者和少数群体才更应该努力建立联系，不让自己孤立无援。

□ 不关联过密

→ 人际关系的上限值

得益于互联网和社交网站的发展,现在比过去更容易结识朋友和维持广泛的人际关系网。

大约 10 年前,人们还会简单地夸赞:"互联网真是太棒了!让我们多结交些新朋友吧!"而近来人们已经意识到,并不是只要广泛建立联系就行的。

我们现在更应该考虑的是如何限制联系。

与无限多的人建立联系或公开自己的信息并没有那么多好处,反而有很多坏处。

经常会遇到这样的情况:明明只是在推特上自言自语,却被自己不太喜欢的人回复,因而感到困扰;或者因为被关系并不亲近的人或同事发现了自己的隐私而感到尴尬。甚至有时，由于某种契机，你会在互联网上与陌生人纠缠不清，短时间内爆出负面消息。

正如我们在"不二选一"中看到的那样，这个世界上有很多想法与你不同的人，与这样的人在网上无限制地联系只会导致争吵、谩骂，传出负面消息。

所以，为了避免过多的无限制联系，最近的社交网站开发出了集群系统，比如只对特定群体公开帖子，屏蔽你不喜欢的人，不让他们看你的帖子，或者把你不喜欢的人的帖子屏蔽，不让自己看到。

据说，现在有必要让互联网上的人们分栖共存起来，以免他们与聊不到一起的人联系过多。

一般来说，人对于人际关系的处理能力有限，因此，即使你在社交网站上与成千上万的人建立了联系，也不可能与每一个人都构筑起恰当有益的关系。

根据进化生物学家罗宾·邓巴的研究，人能维持稳定社会关系的人数上限为平均150人。这个数字被称为"邓巴数字"。

这个数字的依据来自对人类和灵长类动物的研究数据，这些数据表明大脑新皮质的厚度与动物的种群数量成正比。

这意味着，从人的大脑新皮质的厚度来看，数千年或数万年来，人类一直持续着与周围平均150人维持交往的生活，大脑也最适合这种数量的群体生活。

或许在遥远的未来，当人类更加适应互联网时，大脑新皮质会变得更加厚实，并且进化到每天能与数千人密切交流的地步。

不过，基因的改变需要几千年或几万年的时间。

我不知道未来会变成什么样子，但互联网自普及以来最多只有20年的时间，而大多数人离开几十人的村庄，来到几十万人居住的城市生活，也只是最近100年左右的事。

简言之，人类大脑的规格还跟不上现代社会的节奏，无法每天与大量人员进行日常交流。

目前，似乎只有与约150人维持紧密联系，人才会感到安心自在。

因此，利用网络和城市拓展人际关系网固然是件好事，但最好不要轻率地与过多人建立连接，**而是要好好珍惜与自己周围大约 150 人的联系。**

□ 不按计划行事

⊖ "能去就去"的自由

不按计划行事更有趣。

我想大家都有过做学生时逃课特别开心的体验吧。

在工作日的白天,只是在附近转悠转悠或去公园走走都会令人兴奋。这种兴奋是什么呢?

我想这大概就是人心血来潮或临时改变计划时产生的愉悦感吧。

如果只是按计划行事,那么电脑也能办到。颠覆计划才是人类生活的乐趣所在。

与学生时代不同的是,成年后要想偷懒会比较困难。即便如此,也要偶尔打破计划,这样才能保持活力,不至于对日常生活感到厌倦。

我有时会买现场音乐会的门票却不去参加活动。就算不去，也不会给任何人增添麻烦，所以很容易办到。

我总感觉，买了1000日元的门票不去，就能感受到高于1000日元的乐趣。虽然我从来没有烧过1000日元的纸币，但那种感觉或许与烧了1000日元纸币时得到的快感一样。

顺便提一下，根据日本的现行法律，在硬币上打洞会受到法律制裁，但撕毁或焚烧纸币是合法的。如果你想撕东西，就选择纸币吧。

在与人交往方面，**若给周围人留下你不太按计划行事的印象，你会活得更轻松。**

我平时就给人这样的印象。当有人邀请我参加某项活动时，我通常会说："哦，听起来很有趣。如果我能去就去。"但相对而言，我不去的时候居多。

这样的情况一多，别人就会形成"那人即便说了会来，也不会来"的印象，一旦这种印象深入人心，我偶尔真去参加时，别人就会觉得非常稀奇和高兴。

这与不良少年偶尔做了件好事便会大受表扬是同一

个道理。降低别人对你的期待,会让你更轻松,对你也更有利。

我不擅长按计划行事,所以当我邀请别人时,我也会常对他们说:"不来也没有关系,高兴来就来。"我觉得这样可以让双方都轻松。

不过,没有按照计划行事时,至少要编一个像样的借口,向对方表示最低限度的歉意。

可以说"因为我身体不舒服"或者"我有点累",这是一种基本技巧。如果你平时就给人一种"很容易累"或"体质很弱"的感觉,那就更容易拒绝了。

另外,故意看一下手机,然后说"家里人找我"或者

"我还有其他组的事情要做"也是常用手段。

如果你在 A 组说自己正在忙 B 组的事,又在 B 组自己正在忙 A 组的事,那么你在两边都有了合理的借口,可以按照自己的节奏行事了。

参加超过一个以上的团体,更容易为自己的自由行动编造理由,而不至于被一个团体过度束缚。

让我们在这种模棱两可的不确定状态下,好好利用双方的便利行事吧。

☐ 不歧视

→ 生物的警惕意识

人是一种喜欢组建各种群体的生物。对自己所属的群体有感情是件好事,但如果这种感情变得反常执拗,就会令你对其他群体产生反感。

当我想到集体归属感和对其他群体的反感时,总会想起自己上小学时候的事情。

我上小学的时候,总觉得邻近小学的那些家伙都与我格格不入,总对他们抱有警惕心。我对邻近小学的校园充满恐惧,不太去里面玩。

不过初中时,我和邻近小学的孩子们上了同一所学校。在与他们交谈的过程中,我发现邻近小学毕业的孩子与我也没什么不同，于是跟他们开始了正常交流。

我上初中后，也总莫名其妙地觉得其他初中和其他区域的人与我不同。但升上高中后，我和隔壁初中的同学上同一所学校，也就习惯了。

我是关西人，以前对关西方言以外的语言非常敏感。小时候，我曾认真地想过："我永远不会和说关东方言的那种呶呶不休的人做朋友。"

但随着我上大学，与关西以外地区的人接触的机会越来越多，我也和关东、东北和北海道地区的人成了朋友。

如果再把范围放宽到日本和日本以外的地区，或者亚洲和亚洲以外的地区，其结果也是一样的吧。

对不熟悉的群体保持警惕，可能是一种生物本能。然而，当你真正接触到其他群体中的个人时，你又会意识到，依据这种笼统的归属感做出判断是多么可笑。

归根结底，哪个范围内的人是自家人、是朋友，这些界限都是相对的。如果外星人入侵地球，那么所有的地球人都会成为同胞。

据说，邻国之间的关系一般都不好。

日本和中国、韩国等国间的关系就是如此。

我曾在泰国生活过一段时间，泰国人对邻国的越南人和印度人都抱有"他们有点怪，跟我们不太合得来"的感觉。我听说在欧洲，英国人、法国人和德国人之间的情感也很复杂。

这其中也有邻国之间会产生利益冲突的原因，但最重要的是，虽然双方的文化和种族表面上看起来相似，但又存在不同，这很容易让人产生同族厌恶的不适感。

然而，"他们和我们不同"中的"我们"也并非磐石一块，细究起来，"我们"也只是一群各自为政的群体，有着类似"总觉得邻县的那些家伙和我们不同""总觉得邻镇的那些家伙和我们不同"的感觉。

虽然有诸如把相邻的群体设定为敌人，以掩盖他们内部的差距，让他们内部看起来很团结的政治技巧，但煽动人类负面情绪的做法不太高雅。

当你发现自己本就不喜欢邻县或邻镇的人时，就会意识到基于"他们"和"我们"这种宽泛的类别去讨厌其

他群体是多么无聊了。

当人处于弱势时，就会产生想要攻击他人的情绪，但我们千万不要轻易地被歧视情绪所左右。

□ 不在同一个平台竞争

→ 职业培训和程序员

从公司辞职成为无业游民时,我想如果自己学会了编程,做了很多网站,是否可以以此营生了呢?于是我开始自学编程。

我赶赴东京,参加程序员云集的学习会(大公司举办的学习会,不仅可以免费参加,还可以享受便餐,方便又经济),还创建了一个名为"极客之家"的共享房屋,方便程序员们聚集。

虽然个人做网站能够营生,但需要付出和普通工作同样甚至更多的努力,所以我最终选择了放弃。

另外,做了一些编程工作后,我意识到"它需要类似一丁点一丁点打造精巧塑料模型的毅力",这并不太适合自己的性格,所以现在我已经不再编写程序了。

不过,这段经历的好处是让我结识到了很多程序员。

很多程序员与普通上班族差不多,也可以胜任其他工作,但也有相当多的异类,他们比较缺乏社交技能和合作能力,好像不编程就只能死在街头一样。我也是偏废柴的人,所以与这些异类交往甚多。

这些异类是如何找到工作的呢?

比如,他们一直都是尼特族[①]或拒绝上学的人,但他们喜欢计算机和互联网,在因兴趣爱好做编程的过程中,通过互联网结识了朋友,并被熟人的公司录用。

在我认识的人当中,很多都曾经是尼特族、软饭男、流浪汉、剧团演员、乐队成员等,他们因为喜欢计算机而找到了IT(信息技术)方面的工作。

有些人难以适应普通社会人的工作生活,却能勉强成为一名程序员,因为这是一个面对电脑孜孜不倦工作

[①] 尼特族是NEET的音译,NEET的全称为Not in Education, Employment or Training,指既没有正式工作,也不去上学或接受职业技能培训的青年群体,类似中国说的"啃老族"。——编者

的工匠世界。只要有一技之长，即便缺乏社交技能和合作能力，也能混下去。

就像过去的木匠一样，虽然他们的个人生活乱七八糟，嗜酒成性，但他们有手艺，本性不坏，所以会有工作。

即使缺乏一些社交技能和合作能力，也是可以应付生活的，但如果太特立独行或太缺乏能力，那就真的无法工作了。事实上，这样的例子不在少数。

自由程序员中完全独立于公司的很少，他们大多受雇于某个公司。

指望一下子就成为自由职业者或实现远程工作（远程办公）很难，所以很多人都会先在一家公司工作几年，以积累经验和人脉。

而如果具备一定程度的编程能力，进入小型风险投资公司也不是那么困难。

这个世界只要有技傍身，换工作就很容易，所以有些人每隔几年就会换一家收入更高的公司。

职业培训对业余爱好者掌握信息技术技能非常有用。

过去说起职业培训，人们会觉得就是学习焊接或其他工业技能的地方，现在的职业培训中包含很多与信息技术相关的课程。我自己在失业后也参加过一段时间有关网页设计的职业培训，只是每天早起赶去上课很辛苦，就半途而废了……

如果你感兴趣，可以去公共职业介绍所（Hello Work）咨询一下。

不过，在职业培训方面，大城市和小地方也是有差别的，小地方职业培训的课程种类和数量不多，所以如果可能，或许小地方的人去大城市会比较好。

掌握一门手艺，拥有某种程度上能维持生计的谋生手段，就比较容易在社会上生活。不会受地域或公司的限制，会更容易移动。

顺便提一下，我现在是靠写书和博客撰稿谋生的。

工作方式可以粗略地分为两种。

一种是**待在一个地方，与周围的人和谐相处**，但做

不了什么特别的事，很多公司职员和公务员都属于这一类。

另一种是自由职业者式的工作方式，**即掌握某些技能，依靠这些技能不断转换地点生活。**

或许，前一种重视合作的工作方式更为轻松。

在学校等地和大家采取相同行动不觉痛苦的人选择前者就好。因为社会中的大多数人都那样，所以更容易生存，生活也更稳定。

不过，世界上也有像我和我朋友这样的人存在，他

们怎么也适应不了这种大多数人的生活方式。意识到这点的人还是掌握一些技能吧。

即便你有一技傍身，反复变换工作或做自由职业者的生活也不太稳定，会导致不少人无法谋生，所以我并不建议大家这么做。

但是，这个世界上有一定数量的人做不到每天在规定的时间起床，也无法每天与同事和上司进行起码的合作沟通，这些人为了生存，只能掌握一些技能，来充当自己的武器。

在为多数人设计的工作方式中，少数人被迫参与了对其不利的竞争。

跟他们在同一个平台竞争是不可能获胜的，所以还是设法找个适合自己的地方吧。

□ 不扼杀情感

➔ "我完蛋了"仪式

在经常一起玩的朋友间，曾经流行着一种名叫"我完蛋了"的仪式。

这是一种怎样的仪式呢？就是当你感觉非常沮丧，觉得自己什么都不行、想死的时候，仰面躺在地板上，吧嗒吧嗒地甩动手脚，或用双手抓挠头发，同时口中一遍又一遍地重复"啊，我已经完蛋了，我该怎么办"的一种行为。

据说当心情糟糕透顶时，这样做会让人感觉好一些。的确，我尝试过后，感觉心情舒畅了不少。

"我现在精神有点崩溃,所以我要回家做'我完蛋了'仪式。"

"我昨天过得很糟糕,所以我做了三遍'我完蛋了'仪式。"我们曾经有一段时间经常这样交流。

普通的成年人原则上不可以表现出情绪,但当你真正走向社会时,就会发现,**即便是优秀的成年人,一旦卸下伪装,也会因为非常情绪化和动物性的原因意气用事,比如"我讨厌那家伙"或"我希望那个人喜欢我"。**

人类的生活离不开情感。任何看似理性的人类行为,其内心深处都有着非理性的情感。如果没有情感,人就会失去行动的准则和动力。

所以,当情绪变得苦闷和郁结时,不妨胡乱地释放情绪,哪怕有失体面。

郁积的情绪如果得不到发泄,不断积累,最终会爆发出来,所以当你感觉自己已经完蛋了的时候,发泄一下很重要。

在荒木飞吕彦所著的《乔乔的奇妙冒险》第二部中有这样一个情节:主人公乔乔正在与一个名叫艾西迪西的

敌人展开殊死搏斗，不想艾西迪西突然像个孩子般号啕大哭起来。

乔乔对他突如其来的大哭不知所措。艾西迪西为了控制容易被愤怒蒙蔽双眼的自己，当他感到愤怒即将沸腾时，就会下意识地用大哭来平复情绪。

我觉得人有时还是哭一哭比较好。当我深夜在酒吧区散步时，有时会看到大声哭泣的醉汉。每次看到这种场景时，我都会想着"哦，这就是人啊"，而倍感温暖。

当我厌倦了在博客上发表普通文章时，就会随意发些情绪化的句子，比如"一切都好无聊，好累，好痛苦"。这样一来，我就感觉舒服了一些。如果一直很认真地写文章，应该坚持不了几年吧。

我在推特上**也有一个独立于主账号的账号，在那里我只写"我累了"或"我完蛋了"之类的话**。几乎没有人会看这个账号，但当我很累时，写上"我累了"，就能让我平静一些。

在网上发表这种不争气的言论，是因为"可能有人在看，也可能没有。反正没有要求谁非得回复，所以不会

给对方造成负担"的这种距离感让人感觉轻松。

有人能倾听你的泄气话和牢骚抱怨自然好,但也会给对方造成负担,而在互联网上可以随意抱怨。网络就像童话故事《国王长着驴耳朵》中的那个洞,你可以把想说的话大声喊出来,让自己的心情舒畅。

有时,人们需要做一些与情绪有关的行为,比如牢骚抱怨、说泄气话、号啕大哭等。当人感觉疲累时不要憋着,要尽情地哭啊喊啊,吧嗒吧嗒地甩动手脚。

□ 不绝望

→ 饥饿、寒冷、想死

在漫画《小麻烦千惠》中有这样一幕,摆面摊的老奶奶对着小学生千惠说:"人生最痛苦的事就是饥寒交迫。"

"不吃饭就思考,是想不出什么令人满意的东西的。人会变得神经衰弱。"

"饥饿、寒冷、想死,不幸就会按照这个顺序降临。"

所以老奶奶说,如果你不想遭遇不幸,姑且先试着吃点温暖的东西吧。

人在想什么、是否感觉幸福,看似是高级的精神问题,实则经常受到"冷不冷""肚子饿不饿"等诸多生理因素和动物性因素的左右。

有时人们会觉得"一切都没希望了，只有死了"，但这通常是由于暂时的情绪低落限制了他们的思考范围。所以，不能急于求死。

情绪低落时，你只会觉得"无论怎么想，都没办法了，一切都完蛋了"，但大多数情况下当你休息一下冷静下来重新思考时，差不多就能找到回到正轨的方法了。

人生中，真正毫无办法、无法挽回的事情并不多。

当你想死的时候，就关闭手机电脑，好好吃点自己喜欢吃的东西，待在房间里睡一觉。

你可以不用考虑什么他人、社会、责任和义务，抛开所有的不愉快和麻烦事，只做你感觉不痛苦的事。就这样虚度光阴吧。

正如我在"不扼杀情感"中所写的那样，号啕大哭、舞动手脚都是可以的。

当我身心痛苦时，我会专心重读以前看过的长篇漫画，或者买好几袋薯片，以非常快的速度吃完。因为在给自己这样的刺激时，会产生一些消愁解闷的效果。

就这样在黑暗中待上一段时间，等精力体力得到恢复后，人就会变得积极起来——"再努力一把试试吧"。

一旦人的体力和精力充沛，就会厌倦无所事事的状态，自然会有想积极向上做事的冲动。

绝望的时候，放弃除生命以外的一切，一味逃跑吧。

当别人，比如家人或朋友感到绝望时，该怎么办呢？归根结底，自己的问题只能靠自己解决，别人是无法帮你解决的。

周围人能做的，只是陪你说说话，给你点食物，邀你出去吃个饭罢了。

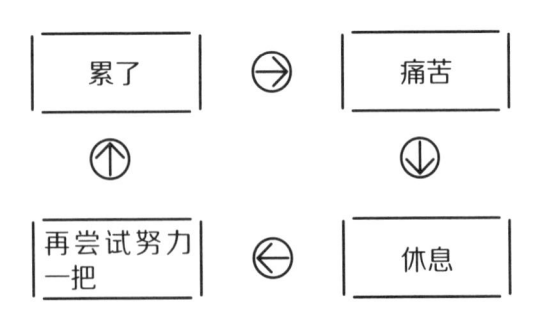

累了	→	痛苦
↑		↓
再尝试努力一把	←	休息

人生大致就是这样的循环

不过，一个人能为别人做的也只有这么多，我觉得这样也挺好。

如果有人奄奄一息，那就姑且给他一些温暖的食物吧。

第 4 章

让人生变轻松的不期待清单

人生拒绝清单　NOT TO-DO LIST

如果放弃期待，人生就会轻松？

人之所以经常感到人生痛苦，是因为世界并没有按照我们的意愿运转。"希望变成这样""现在的这种情况不正常"，诸如此类的执念越多，越是痛苦。所以，如果你尽可能地放弃期待，生活会更轻松。

话虽如此，但并不是要你抛弃生活中的所有期待和希望。

只是，如果理想和臆想在一个人的头脑中过度滋长，人就会因为理想与现实间的差距而痛苦。

所以，**我们要尽可能认清现实，不过度胡思乱想。**

有这样一则关于佛陀的逸事。

一位母亲因年幼的孩子病故,悲恸欲绝地来到佛陀跟前,她怎么也接受不了孩子已经过世的事实。

佛陀告诉她:"如果你能从未曾死过人的家中拿到罂粟种子,我就帮你想想办法。"

那位母亲听后,就去挨家挨户地寻找,但没有一户人家是从未死过人的。

没有谁能够免于死亡。意识到这一点的母亲突然顿悟,原来死亡的悲伤并非只降临到她一人身上,而是世上司空见惯的普遍现象。

如果把佛陀的主张严谨地写下来,应该就是这样吧。

孩子死了你会伤心欲绝,是因为你对现实的认知太过天真。每个人都有可能突然死亡。

你之所以无法接受孩子的死亡,是因为你深信"你的孩子不可能突然死亡"。但是,这种臆想是错误的。

任何生命体都有可能突然死亡,任何有形物体都有可能毁灭。你永远不知道下一秒会发生什么,这才是真实的世界。

如果我们能清楚正确地认识到这一真理,明白无论家人离世还是自己死亡,无论世界上发生了什么事,都不过是世界应有的状态,那么就不会感到悲伤和痛苦了吧。

这种思维方式的确合乎道理,而且一旦达到了那种境界,那么无论发生什么你都不会心神不宁,你就能坦然接受一切了。

然而,只有一部分人才能达到这种开悟的境界。正常情况下,普通人还是会在至亲离世时感到悲伤,在付出努力却无法成功时感到不甘。

我甚至觉得,如果每个人都像佛陀那样开悟,人类就会灭亡。我们不仅要接受现实,还必须在生活中保持改变现状的意愿。

只是,就算我们没有完全领悟这点,**只要能在生活中少一点期待多一点接纳,也会起到让生活更轻松的效果**。从这方面去理解佛陀的思维方式很有意义。让我们停止"必须这样"或"不可能这样"的执念吧。世界并不会如人期待的那样运转。

人生中,模棱两可的妥协也是很重要的,比如"这个也许就是这样,是没有办法的""世界本就如此"等等。

在本章中,我们将探讨如何在生活中摒弃过高的期待和理想,探讨适度放弃期待并生活下去的诀窍。

□ 不封闭

⊖ 同时参与多种互动

最近,我经常听到岁数大的人抱怨说:"现在的年轻人真没礼貌,与人见面时还盯着手机。"

诚然,我可以理解不习惯看手机的人的这种感受。我在与不习惯上网的人打交道时,会做到不看手机。

不过,我个人是很赞同与人见面时看手机的。我宁可他们多看看手机。

为什么这么说呢?因为这样**可以减轻"必须与眼前人交流"的压力,氛围轻松,即便自己不太会说话,也可以毫无负担地继续留在那里。**

如果是单纯的面对面交谈,那么沟通的渠道就只有一种,即"通过声音交谈"。

如果只有一种沟通渠道,那每次就只有一个人可以掌握主动权。而且,通常掌握主动权的不是话多就是说话大声的那个人,不会改变。

我不太擅长聊天,所以在现实生活中,很多时候我都无法很好地参与对话或者说到一半就累了。

但是,如果能在这种时候看看手机,通过"网络"渠道与外界保持联系,就会极大地降低窒息感。

我在公司交不到朋友,却能通过网络交到朋友的原因,在于网络爱好者这种特有的沟通方式。

我在网上认识的那些网络爱好者,与人见面时总带着电脑。

当我们在家庭餐馆或在谁家聚会时,第一件事就是打开电脑,大家一边聊天一边浏览网页,或与眼前的朋友网聊,或不管周围人独自一个人玩游戏或编程,这样的氛围司空见惯。

这种"不用努力进行面对面交谈"的氛围,让我感觉非常舒适。

有些人在网络聊天室和博客上聊得很勤，在现实生活中跟人见了面却一言不发；或者相反，有些人在现实生活中很健谈，但在网络上总是只写些简短的帖子。了解个人的适合与不适合，是很有趣的。

当然，人的注意力有限，如果边看手机电脑边聊天，就会让放在对话上的注意力在一定程度上打折。不过就算分心，也没什么关系吧。

看着手机，听到自己感兴趣的话题时参与进来，觉得话题无聊时就看看网上的内容，可以自由地参与和退出谈话会比较轻松。

没有必要让自己百分之百地投身"这里"。

我认为，允许 50% 在这里、50% 在网络世界里，会让人感觉更自由更愉快。

现实中的面对面对话和在线交流的最大区别在于，"是否可以同时进行多种互动"。

在面对面的对话中，你必须百分之百地专注于一种互动。

而在网络互动中，你可以开启多个交流渠道，同时进行多种互动。我们经常一边看推特一边网聊，一边在 Facebook 或 Instagram①上点赞一边查看电子邮件。

年轻人可能已经习惯了一边进行多任务处理一边聊天的模式。这种多渠道交流不会给人以闭塞感。

我不擅长处理家庭或宗教之类的"闭合型人际关系"。

闭合型人际关系容易变得畸形。

在封闭的空间里，只有一个沟通渠道，所以权力最大的人会掌握主动权。

而且，如果一个封闭的空间里没有外部观察者，"暴力"或"大家不停说人坏话"等在外人看来明显不正常的行为就会成为这个空间里的常态。

身处其中的人不知不觉就会麻木，感觉不到这有多奇怪。

被称为"毒亲②"的虐童父母和邪教领袖等就是如此。欺凌也只发生在封闭的空间里。

---

① 一款提供照片、视频分享服务的应用程序。——编者
② "毒亲"是通过过度干涉、过度保护、过度支配和控制以及强加价值观等方式对子女产生负面影响的父母。——译者

所以，任何团体都应该始终保持与外界沟通的渠道，这样它才不会封闭。

允许外面的人经常来玩，允许想要离开的人自由离开，**保持人员进出的"流动性"，是维持一个开放健康社区的诀窍所在。**

这也是我和一群朋友住在共享房屋里的原因。

家庭成员不会更换，但在共享房屋里，住户会不时地更替。这就是它的轻松之处。如果有个人很过分，你可以请他离开，他也可以自行离开。

当然，"流动性高"有好的一面也有不好的一面。

和朋友一起住在共享房屋里虽然轻松，但你不知道大家什么时候会离开，5年10年后你可能就是孤身一人了。

家庭是一个固定的、难以脱离的共同体，但正因为难以脱离，人们才能够期望这种纽带不会在10年20年后断裂。

所以，很难简单地说哪个更好。如果可能，最好是两者兼顾，相得益彰。

流动性低的人际关系：
家人、恋人、亲戚、街坊邻居、公司同事等

流动性高的人际关系：
朋友、共同兴趣爱好者、共享房屋的住户等

- 更换困难
- 容易依靠
- 容易闹别扭

- 更换容易
- 关联性较弱，但比较轻松

⊖ **无论哪种人际关系都存在优劣，要用好这两种关系。**

如果只有一种渠道，人际关系就很容易变得令人窒息。

让我们尽可能多地建立交流渠道，保持松散、广泛、多方面的联系吧。

□ 做事不带目的

→ 自我充实（Consummatory）

最近，我喜欢上了种菜。

我并非要精心打理成个菜园，只是随便买了点菜苗和种子，随意种下后就放着不管，未加打理。但植物的生命力非常顽强，即便如此，它们还是长势良好，还结出了果实，真是了不起。

夏天，我收获的西红柿、黄瓜和苦瓜多到吃腻。收获果实需要时间，但从金钱方面来说，买秧苗比买蔬菜便宜。

其实，促使我种菜的最大动力不是省钱，也不是味美，而是种菜过程充满乐趣。

每天看着蔬菜一点点地长大,永远都看不腻。每天简单地打理一下也很有趣。

我也喜欢烹饪,但与省钱或美味的关系不大,更多的是享受烹饪的乐趣。我享受切菜、切肉、煮熟和调味的过程。

我想说的是:"所谓乐趣不在于结果,而在于达到结果的过程。"

做事的时候,要享受其过程本身,而不是考虑"那有什么用",这才是健康的做法。

当你读书时,不要去想读这本书会给你增加多少知识或如何帮你赚钱,而是要享受阅读本身。当你运动时,最好沉浸于运动本身,而不是想着"运动会让我健康"。

读书可以增长知识,运动可以保持健康,这些都是你醉心于读书和运动本身后,自然就会获得的额外收获。

如果你做一件事并不开心,而是出于其他目的,那这件事你是无法长久坚持的。

不要考虑做事有什么用,而是去享受它本身的乐趣。

所谓兴趣爱好,是可以让你全身心投入的事,即使它不起任何作用。当你找到这样的兴趣爱好时,你的人生就会变得丰富多彩。

美国社会学家塔尔科特·帕森斯曾提出过"Consummatory"的概念。

"Consummatory"在日语中常被翻译成"自我充实",表示"做事并非出于某种目的,而是为了享受其本身"。

自我充实的反义词是Instrumental(工具性)。以走路为例,为了去哪里而走路是Instrumental(工具性),而享受走路本身就是Consummatory(自我充实)。

以前世界很穷,但也在不断发展,比起现在的人,那时的人更相信进步,当时工具性的行动准则是世界的主流。

也就是说,他们认为"虽然我们现在很穷,但只要我们现在努力,未来就一片光明",所以要牺牲现在为将来努力工作。

然而,一旦社会达到一定的富裕程度,发展达到了顶峰时,即使我们牺牲现在,为未来而努力,也不一定会有更光明的未来等着我们,越来越多的人开始以享受当下为准则行动。或许当今的日本,也正在逐渐变成这样一个时代吧。

人有时为了将来必须牺牲现在努力工作,**但从根本上来说,自我充实的方式才是幸福生活的关键。**

如果生活中没有自我充实,人就无法维系生活。

人本就不是为了什么伟大的意义而活,而是为了充实"生命本身"。

让我们去做自己真正想做的事,而不要去想它有什么好处,也不要去想它有多复杂。

□ 不忍耐到最后

→ 割肉和抓食

越是不善于读书的人，越会觉得一本书必须从头到尾按顺序读完，其实书是可以读得更自由的。

越是爱看书的人，看书的方式越随意。

从后记读起是最基本的，也有人翻看几页感兴趣的内容后马上腻烦。

我有个朋友，他看小说只看对话，而跳过非对话的部分。虽然我觉得那样做有些过头，但如果你喜欢，那也很好。

如果你在读一本书时，遇到了你感兴趣的句子，哪怕只有一行，那也物超所值了。放在书架上的书一直没看，却好像自己已经读过的感觉也不错。

使用一本书或其他物品时,**你都不必遵循作者规定的使用方法,你可以用你能接受的方式自由使用。**

和读书一样,参加酒会和活动时,你也不必从头到尾都在场。

如果你真的感觉开心,自然可以全程都在,但我总感觉很多人从头到尾坚持下来是因为某种惯性。

你不必严格遵守开始和结束的时间,你可以只在看着有趣的时段露个脸。如果你觉得无聊,也可以编个理由,比如"我还有些别的事",然后离开。

我不擅长和别人长时间地待在一起,所以有历时很长的活动时,我经常会在中途离开。

我会独自一人漫无目的地去会场周围散步,或去便利店站着翻看杂志,或买罐咖啡在公园里抽根烟,等到精力恢复后再回到会场继续参加活动。

离开酒会,坐在闹市区的路边,略带醉意地持续注视路人,也特别有趣。

正如我在"不按计划行事"中所写的那样,仅是逃课或翘班去做其他的事,也会给生活增加乐趣。

稍稍改换心情后再回到活动现场,又能以新鲜的感觉与人交谈了。

当周围的氛围不便起身离席时,我也会经常用上"假装出去打电话"的小招数。

三田纪房的漫画《投资者 Z》讲述的是一名中学生进入学校俱乐部"投资部"投资股票的故事,其中有一段刚成为俱乐部成员的主人公被拖去电影院看电影的场景。

开始看电影了,但那部电影无聊至极。看那种电影真是浪费时间,主人公这么想着,中途走出了电影院。结果发现,他的前辈们都在电影院外等着。

其实,这是一场"你能多快从无聊电影中脱身"的

考验。

正如在"不执着于过去"中所写的那样,这是对你能否在投资上"割肉"的一种测试。

如果你失败了,就不该吝惜之前投入的时间和金钱,因为惯性而在那里继续投入钱、时间和其他资源。

尽早割肉,将损失降低到最小至关重要。这个原则不仅适用于投资,也是放之"人生"皆准的原则。

一旦感觉情况不妙,就要尽早抽身。

不必迎合别人的步调,只抓住自己需要的东西,别被惯性冲昏头脑。

□ 不献身于工作

→ "助纣为虐者（Enabler）"的陷阱

我有几个老朋友，平时工作很努力，一到休息日就把"我无事可做""我很闲"挂在嘴边。

而我总是很闲，会一边说着"啊，真闲啊，有没有什么有趣的事情可做？"，一边跟朋友一起喝茶吃饭。我总觉得他们在忙于工作、没有自由时间的时候更有活力。

他们虽然嘴上抱怨着工作好辛苦、加班很多、公司很混账，但似乎仍乐在其中。

一旦工作少了，空闲的时间多了，他们就会感到无聊，说自己无事可做。若是极端之人，甚至在休息日也会工作，明明不做也是可以的。

另外，有些人遇到的麻烦事越多，越精神焕发。

他们一遇到麻烦事就两眼发光，或者干脆一头扎进其中。

还有些人总喜欢找有很多麻烦的问题人做恋人，他们经常埋头处理恋人的麻烦事，一边满口抱怨，一边精神饱满。

这样的人在平时没事发生时会失去光彩，显得百无聊赖。

或许，主动照顾有问题的人是件好事。但在酒精依赖症或精神疾病的世界里，它被视为一种"助纣为虐"的危险现象。

"助纣为虐者"就是所谓的"共依存者"，他们通过纵容患有酒精依赖症或精神疾病等的患者，让患者对自己产生依赖，**因为当有问题的那个人变得独立时，就不会再需要他们，所以他们会纵容那个有问题的人，而并非想从根本上解决问题。**

一旦不用再背负问题或者工作，他们就会变得焦躁不安，这是不太健康的。

不是被自己背负的"必做之事"追赶，而是最好有一些可以不做但自然而然、自发想做的事。

想做的事就是工作，24小时都想工作的人也没什么不好。有时也是有这样的人的。

问题是有些人其实并不那么喜欢自己的工作，只是无事可做所以工作，或者不工作就没有安全感。

如果没有自己自发想做的事，一到休息日就会感到不安，就会不遗余力地为自己找麻烦。

另外，到了退休年龄后患上"退休后抑郁症"的人也是如此。**所以为了长久地享受人生，最好在工作之外还有自己想做的事。**

因为人生不是为了工作而存在的，工作却是为了让人享受人生而设的。

好吧，如果你找不到自己想做的事，可以"姑且先干着工作"。工作既可以赚钱，也可以与人连接。

只是，如果你只做工作，总有一天人生会停滞不前。所以，最好找一些在做的过程中能让自己感觉幸福的事。

如果除了工作，你想不出想做的事，无外乎这两个原因：一个是你累了，另一个是你还没能遇到自己想做的事。

如果累了，就好好休息。如果不累，就尝试做做自己以前从未做过的事。

世界上多的是有趣之事，纵然你活一百辈子也经历不过来。让我们去去不同的地方，尝试下各种爱好吧。

当你开始接触一项新的爱好时，不妨请熟悉它的前辈指点一二。因为无论你想享受什么，多少都需要点技巧。

人都喜欢谈论自己喜欢的事物，所以如果你向他们寻求帮助，他们应该会很乐意告诉你最好享受哪些部分以及如何享受。

□ 不在乎别人的看法

⊖ 话听一半就够了

撰写博客时，会收到各种各样的评论，既有赞同你的，也有批评你的。

赞同性评论倒也没什么，但批评性评论经常会成为互联网上的问题。

一般来说，写评论的人都是匿名的，所以他们不怕反驳，言辞苛刻，毫不客气。评论中有时也不乏中伤漫骂之词。

有些博主看到批评性评论就压力倍增，甚至还会关闭评论区。

我属于不太介意的那类博主，就算我在自己的博客上收到了批评性评论，我也只会觉得："他们各有各的道理，还挺有趣。"

如果我收到的全是赞同性评论，反而会心情不佳。我并不认为自己的观点绝对正确，所以收到批评也很正常。在评论区收到与正文不同的观点才能保持平衡。

在互联网上，无论你写什么，都很难完全避开批评。

如果你在博客上以告诉朋友的口吻写道"我很高兴能和心爱的人结婚"，你会收到意想不到的子弹，比如"请想想那些想结婚却结不了婚的人看到这句话是什么感受"，或者"你是否想过婚姻制度中被忽视的'社会少数群体问题'"。网络就是这样一个战场。

如果你写"家庭餐馆的饭菜真好吃"，子弹又会避无可避地从两个方向朝你射来："只能去家庭餐馆的穷人真可怜。""能去家庭餐馆真奢侈，真是不懂得什么是贫穷啊。"

反过来说，即便是最无情的观点，也能在网上找到支持者。

有各种各样的观点是人类的有趣之处，而网络的奇妙之处在于，你可以躺在房间里观看各种不同观点的碰撞。

在网上，你会切实地感受到"别人的意见既没有必要全盘接收，也不可能全盘接收"。

所谓别人，就是站在自己的立场想说什么就说什么的人。如果你真心接受了别人的意见但失败了，那个人也不可能为你的失败负责。最终，你的人生只能由你自己负责。

即使对方是与你同样的人，你也最好把他想成是与自己完全不同的别种生物。你们本就不可能相互理解，偶尔能与对方沟通一下就算是幸运了。

如果你被一个连自己在想什么都不知道的生命体批评了，把他想成"聒噪的电视机"就好。随意向人发牢骚的人，往往是自己抱有某些烦恼的人。

俗话说得好，"话半分[①]"，从大致的比例来看，别人说的话听一半就可以了。

你讨厌的人或与你话不投机的人所说的话，你听

[①] 这是日语，意思是别人说的话只有一半可信，说话夸大要打对折（听）。——译者

10% 即可。即使是值得信任的人或与你合拍之人所说的话，你也听个 70% 就好，因为他们的价值观和人生观不可能和你的完全一致。综合一下，也就是 40% 到 50%，即一半。

你只要适当地倾听别人的意见，适当利用对你有用的部分即可。

如果你总是听到否定你的话，可能会心情低落，但在大多数情况下，与之争论并没有任何好处。

在这种情况下，多想想"这个人对我一无所知，但他/她也有自己的人生吧"或"这个人随意攻击别人，许是经历了很多痛苦吧"，然后随意敷衍一下，避其锋芒，过好自己的生活就好。

□ 不争论

→ 暧昧地随声附和

我向来不擅长与人争论。

与别人谈论什么时,一旦事情变得有些复杂,我就会变得摸不着头脑:"那是怎么回事?""是什么原因造成的?"

当有人说某一观点说得很起劲时,我就会想:"哦,既然他说得那么热烈,那可能就是那样的吧。"

这或许是我脑袋不够灵光的缘故。

写文章时,可以按照我自己的节奏不慌不忙地来回写,但说话是需要瞬间爆发力的,所以我做不好。

说太多话本就是件麻烦事。

我上大学时,身边有很多喜欢争论的人,他们总是吵吵闹闹地就人生、社会和文学争论不休,而我无法真正融入其中,更倾向于听他们说,然后给出适当的回应,类似"哦,原来是这样啊"或者"也许是这样的"。

我曾经觉得擅长争论的人很了不起,想知道怎么才能变成他们那样,但后来我就不再崇拜他们了。

因为我发现,与其说他们擅长争论,**不如说他们只是喜欢在争论这项活动中获胜而已。**

也就是说,这是一个单纯的兴趣问题。在现实世界中,在争论中获胜本就不能推动什么。

赢得争论不等于让人信服,即使你论赢了对手,也不会让他们按照你的意愿行事。

这是因为人们往往会受到非理性情感因素的驱使,例如:"道理是理解的,但感觉上接受不了"或"也许他是正确的,但我就是讨厌顺从他"。

此外,正如我在"不二选一"中所写的那样,现实生活中,一般不会出现百分之百正确或百分之百错误的想法。

每个人都有自己特有的经历和思想,而这些经历和思想是有不同人生经历的他人无法参与或者改变的。

所以,无论面对什么意见,你最好都以"哦,虽然你的想法与我的略有不同,但你的可能是对的,我理解你的感受"的态度看待。

试图把自己的观点强加给别人的人,要么是单纯喜欢争论这项活动,要么是对自己的观点不自信或者压力巨大的人。

正如我在"不在乎别人的看法"一节结尾所写的那样,与这些人争论并没有任何好处。

一旦争论变得复杂麻烦,你可以暧昧地随声附和,比如"哦,可能是那样的……那样也没关系……太复杂的事情我理解不了……",那么在大多数情况下,对方都会放弃争论,心想:哦,就算跟他说,也谈不到一块去。

为了避免争论,请从平时就开始练习模棱两可的随声附和。

□ 什么也不做

→ 意守丹田

"只发呆,什么也不做"看似简单,做起来却相当困难。

在家时发现房间杂乱无章,就会想着必须把房间打扫干净。

明明想静静待着什么也不做,却在不知不觉中想起了工作和家务,然后觉得必须要把它们做完,于是就无法发呆了。这种情况是不是很常见?

我想发呆时,会去乘坐交通工具。没有什么特别想做的事时,我会随意乘上一列不太拥挤的电车,坐大概半小时,然后随便找个地方下车,在陌生的街道逛上一圈后喝杯咖啡什么的，再坐电车回家。

一年中，我也会来几次长途旅行。我会坐8小时的慢车或高速大巴去到远方。

对我来说，在路上花很长时间的慢旅行比乘坐新干线或飞机的快速旅行更为奢侈。

我觉得乘坐交通工具时最适合发呆。

不知为何，只要看着车窗外一晃而过的风景，我的心情就会大好，就算只是静静坐着什么也不做，只要车子在动，就不会有闲得无聊的感觉。

在移动的车上看书或听音乐也是最能专注和最享受的。

或许，发呆的诀窍就是，让自己处于什么都不做同时觉得心情不错的状态中吧，比如只坐在正在移动的交通工具中。

这与冥想的做法有些相似。

冥想的目的也是"放空心灵"或"什么都不想"，但如果只是单纯地告诉自己"什么都不想"，心中还是会出现很多杂念。

所以在冥想中，你可以通过把意念集中在某个虚假的目标上，放空你的心灵。比如，"将你的意识集中在某个点上"或"尽可能缓慢地移动你的身体，并将你的意识集中在身体的感觉上"。

另外，自古以来武士道中所说的"意守丹田"也与此相同。

据说在武士道中，通过"意守丹田"，可以让身体更好地保持平衡，还可以让力量更好地传递到技法中去。

丹田所在的位置并没有什么特殊的器官，只有肠道。

根据教育学家齐藤孝的说法，"丹田的好处在于无论你怎么使劲，身体都不会僵硬"。武士道最忌"用劲后僵硬"。如果僵硬，敌人就会在这个空当攻击你，置你于死地。

最理想的状态是在全身放松、保持松弛的同时，不管遇到什么情况都能立刻应对。这种状态被称为"自然体[①]"。

然而，"不僵硬"是相当困难的。我们越是关注自己

[①] 指在剑道等体育项目中，双脚稍微前后或者左右打开，以自然放松的体态站立的姿势。——译者

的身体，就越会紧张和僵硬。

于是就有了丹田。

丹田所处的位置只有肠道，没有肌肉，所以无论你如何专注于它，它都不会因为用力而变得僵硬。

也就是说，**所谓意守丹田是指，专注于一个再怎么用力也不会变得僵硬的地方，以放松全身。**

我总觉得这与为了发呆而坐火车有点相似。

除了坐火车，我认为泡澡时也很适合发呆。

澡堂是最高级的发呆设施，人只要浸泡在热水中，保持模糊的意识，就会感觉像是做了什么对自己有益的事。

也就是说，坐火车去泡温泉是最好的组合。如果你对人生感到疲累，就去泡泡温泉吧。

□ 不长寿

→ 完成义务教育便是余生[①]

每年我生日的时候,我都会翻阅山田风太郎《人类临终图卷》里我年龄的那一页。这本书按照人去世时的年龄顺序,收录了古今中外许多人死时的模样。

不知为何,每次翻阅此书时,我都会感觉无比安心。我想这是因为它能印证"我比石川啄木和莫扎特活得长、活得幸福"或者"无论生前多么伟大,人最终都会痛苦地死去,化为乌有"的事实吧。

我今年36岁,不过从我30岁起,我就有种"接下来

[①] 此处及后文的"余生"有"赚来的日子"的感觉,自己想做的事已经做完了,就算死去也没有什么遗憾了,所以可以毫无压力地享受剩下的人生。——编者

的日子都是余生"的感觉，我就抱着这样的想法活着。

因为我已经差不多做完了自己感兴趣的事，而且原本像我这种懒惰、不健康的废柴也不会那么长寿。

有一位比我年长的朋友，需要往返于东南亚和日本之间生活。他曾说过："完成义务教育后便是余生。"

当我听到这句话时，就曾想：我是不可能那么早就顿悟的，真是自叹不如。

当我活到36岁时，我就觉得自己能活到这个年龄很了不起了。

我会产生这种想法，可能与我的很多朋友和熟人都是年纪轻轻二三十岁就过世有关。无法好好工作、不能与他人建立良好的人际关系、不能适应社会的人果然更容易迈入死亡的门槛。

有些人已经不可救药，迟早都会死；还有些人虽然一不留神进了鬼门关，但如果当时的情况稍有变化，或许还能活下去，真是可惜了。

每当我想起他们，都会感到悲伤和遗憾，但也无能为力。

肯定会有一定数量的人无法适应这个社会,他们身边的人也不是完全不能帮助他们,但要完全拯救他们很难。我总觉得很多情况下他们最终会在周围人的帮助下,多活个几年十年的。

人终有一天会死,或许只是早一点和晚一点的区别。

我自己也过着相当不稳定的生活,而且我也不知道将来会发生什么,所以我总感觉自己不会那么长寿。

我一想到不知什么时候自己会死,那种身体发紧、意识清晰的感觉叫人喜欢。

好好活着,即使下个月死了,也不后悔,想到这里,我就有点动力了。

让我做出辞职决定的关键原因也是我觉得"要辞职最好趁早。因为我既不可能持续在这家公司工作几十年,也不知道自己能够活多久。如果下个月死了,弥留之际我会后悔自己没有辞职"。

读战争故事时,常见到这样的描写,当一个人意识到自己即将离世时,眼中的世界万物都会变得美丽而闪耀。

那种美大概可以与婴儿初见尘世时的新鲜感和激动媲美吧。人一旦意识到了死亡，就能真切感受到生的珍贵。

如果你的想法是"我原本可能死得更早，现在的人生就是自己的余生或者锦上添花"，那么无论你遇到什么麻烦，都能游刃有余地享受"人生百态"了。

我觉得这样活着也没什么不好。

反正每个人都注定要死，长寿抑或是早亡，也不过是区区十年几十年的差别，相较于地球数十亿年的历史，渺小得像粒尘埃。

反正都是像尘埃般活着，就不要让自己后悔，做些自己喜欢的事吧。

□ 不钻牛角尖

⊖ "无懈可击"的悖论

任何事情思虑过度,大体都会陷入僵局,所以最好在合适的时候来点"妥协"、"无奈"和"随意性"。

举个例子来说,即便你讨厌努力工作,但一味坚持"无论何种状况也绝不努力工作"的生活方式,不也正**是在为了不去努力而在拼命努力吗**?

有时候,多努力一点比不努力更容易,也更自然。

类似的悖论还有很多。过度认为"无论何时都不要勉强自己,顺其自然即可",反而会不自然。

认为"不要有任何欲望",本身就带有希望恬淡寡欲的欲望。

正如我在"什么也不做"中所写的那样，真要什么都不做也是很难的。

就算你想拥有无所不能的力量，如果真成为不老不朽、无所不知、无所不能的神一样的存在，也会觉得一切都索然无味吧。

在更世俗的层面上，经常听到这样的说法：当你强烈地想要自己受欢迎时，你就会过于激进，使周围的人远离你，你就不会受到欢迎；而当你想"我不在乎受不受欢迎"时，突然间就很受欢迎了。

在生活中，有想法或有信念是好的，但如果你试图把这个想法或信念实现得太完美，大抵都会遭遇失败。

无论有多么伟大的想法，秉持教条主义都容易走进死胡同。

所以，有理想是好事，但如果你有"适可而止"的态度，懂得在某些时候放弃或者妥协，事情就会变得更好。

我在本书中也写了不少"不要×××"的内容。虽然是我自己写的，我还是要说，如果有人把我这里所写所说的内容全都完美地付诸实施,我会感到害怕的。大家只要随意读读,适当吸收对自己有用的部分以做参考便好。

我自己是不是总是完全遵守这里所写的内容呢,自然也不是。我希望按照这样的感觉生活下去,但我也经常一不小心就失败。人生总是充满输赢的。

好吧,事与愿违才叫人生,适时放弃,慢慢干吧。

后记   POSTSCRIPT

上大学时,我与宿舍里的学长有过一段对话,我至今记忆犹新。

"你知道沙丁鱼吧?沙丁鱼。"

"嗯,知道。"

"沙丁鱼总喜欢成群结队地游来游去。有时,它们之间会突然闯入一头鲸,鲸张嘴啊呜一口吃下去,被吃掉的沙丁鱼就死了,没被吃掉的沙丁鱼就跑了。人生也是如此。"

"你是想说如果突然间发生了什么,我们是避无可避的?"

"没错!啊呜一口被吃掉,死就无法避免,也没什么意义。人的生死也是如此。大家都在寻找人生的意义，但生死成败都不过是意外而已，就算在那里思考其意义，也只是事后附上的结果罢了。所以，人不要想太多，差不多活着就好！"

我当时想或许的确如此。人是一种倾向于在事件中寻求意义和理由的生物，但那真的没有意义。

人和动植物一样，不知为何降临到这个世上，然后过了一段时间，又会因某种原因死亡。

既然如此，随着自己的感觉喜欢怎么活就怎么活便好，根本不用被必须这样做或必须那样做的规则束缚。

我在本书中写了很多"不要做什么"，但对"应该做什么"着墨不多。

因为"应该做什么"和"想要做什么"因人而异，只能靠每个人自己去思考。

也许，找寻"应该做什么"和"想要做什么"才是生活。

请各位自己列出"想要做什么"的人生清单吧。

这本书是我个人的第三部独著。

第一部《尼特族的生存之道——活用好互联网，没钱也能开心生活》（技术评论社）是描写如何有效利用网络、不依赖金钱生存的实操方法和思想的书，它的目标人群是那些想尽可能不工作的人。

第二部《未拥有的幸福论——不想工作、不结婚、不被金钱束缚》（幻冬舍）是针对所有厌倦这个社会的人写的。书中从不同角度探讨了如何从根本上去重新思考社会普遍认同的"工作"、"家庭"和"金钱"。

无论哪一部作品都贯穿着同一个永恒主题，就是"如何才能让生活尽可能地变得轻松自由"。觉得本书有趣的读者，如果还能翻阅我的其他几部著作，我将喜不自胜。

在撰写本书的过程中，我得到了大和书房种冈健先生的很多帮助，他不仅帮我策划，还在书的内容上提供了不少想法。真是非常感谢！

我希望能给每一位阅读本书的人每天带去些许轻松。

2015 年 12 月

简介
pha
（Fa）

1978年出生。

原籍大阪府大阪市，现居东京。

24岁毕业于京都大学综合人类学院，25岁开始工作。

因为希望尽量不工作，成了公司内部的尼特族。28岁那年，接触了互联网和编程，于是从公司辞职。

此后，每天过着不稳定的生活。

共享房屋"极客之家项目（Geek House Project）"的发起人。

著有《尼特族的生存之道——活用好互联网，没钱也能开心生活》（技术评论社）、《创建故乡——回去就能有个不愁生计的地方的生活方式》（合著；东京书籍）、《未拥有的幸福论——不想工作、不结婚、不被金钱束缚》（幻冬舍）等书。